회복적 정의 프로그램 디자인

Copyright © 2023 by Alisa Del Tufo and E. Quin Gonell
Foreword copyright © 2023 by Michelle Fine

Original published in English under the title ;
   THE LITTLE BOOK OF RESTORATIVE JUSTICE PROGRAM DESIGN
     by Alisa Del Tufo, E. Quin Gonell
     Published by Published by Good Books,
       307 West 36th Street, 11th Floor, New York, NY 10018, USA.
All rights reserved.

Korean Editions Copyright © 2025, Daejanggan Publisher, Nonsan, CN, South Korea. This Korean edition published by arrangement with Skyhorse Publishing Inc. through Shinwon Agency Co., Seoul.

정의와 평화 실천 시리즈
회복적 정의 프로그램 디자인

지은이	알리사 델 투포, E. 퀸 고넬
옮긴이	김복기
초판발행	2025년 11월 2일
펴낸이	배용하
책임편집	윤찬란
등록	제364-2008-000013호
펴낸곳	도서출판 대장간
	www.daejanggan.org
등록한곳	충남 논산시 매죽헌로 1176번길 8-54, 101호
대표전화	전화 041-742-1424 전송 0303-0959-1424
ISBN	978-89-7071-775-3 13370
분류	회복적 정의	중재	조정	대화

이 책은 저작권법에 의해 보호를 받는 출판물입니다.
기록된 형태의 허락 없이는 무단 전재와 복제를 금합니다.

 값 10,000원

회복적 정의
프로그램 디자인

회복적 정의 주도적 구축과 평가를 위한 참여적 행동 연구

알리사 델 투포, E. 퀸 고넬 지음

김복기 옮김

차례

옮긴이 서문 · 11

저자 서문: 회복적 정의와 참여적 행동 연구 연결하기 · 17

- 1장 / 개요 · 21
- 2장 / 회복적 정의의 가치와 사회 정의 · 27
- 3장 / 회복적 정의 프로그램 설계 및 평가 · 41
- 4장 / PAR과 YPAR란 무엇인가? · 54
- 5장 / 이론에서 실천으로: ·PAR 프로그램 설계 및 평가 방법 · 82
- 6장 / 회복적 실천 평가를 위한 참여적 행동 연구 적용 · 119
- 7장 / 결론 · 132

- 부록: 읽기, 자료 및 워크북 소개 · 136

일러두기

이 책에서 자주 사용하는 두문자어는 축약 전 단어를 한글과 영문으로 표기한 뒤 약어로 표시하였다.

* PAR $^{Participatory\ Action\ Research}$ 참여적 행동 연구
* YPAR $^{Youth\ Participatory\ Action\ Research}$ 청소년 참여적 행동 연구
* RJ $^{Restorative\ Justice}$ 회복적 정의
* RP $^{Restorative\ Practices}$ 회복적 실천 혹은 회복적 정의 실천
* AR $^{Action\ Research}$ 행동 연구
* PCSIM $^{Participatory\ Culture-specific\ Intervention\ Model}$ 참여적 문화 특정 개입모델
* MCCC $^{Multicultural\ Consultee-Centered\ Consultation}$ 다문화 컨설틴트 중심 상담
* Community 공동체, 지역사회 등으로 번역이 가능하며 커뮤니티로 음역하기도 한다. 이 책에서는 맥락에 따라 공동체, 지역사회, 커뮤니티를 혼용하였다.
* Design 설계, 디자인
* Evaluation 평가
* Initiative 이니셔티브, 발의, 주도, 의안제출권, 창의, 솔선하는 정신, 독창력 등으로 번역이 가능하나 이 책에서는 주도적^{주도,} ^{주도권}으로 옮겼다.
* Practices 실천, 실행, 실습, 연습, 숙련, 실행안 등으로 번역이 가능하나 이 책에서는 주로 실천으로 번역하였다.

옮긴이 서문

삼십여 년 전 회복적 정의가 한국에 소개된 후, 회복적 정의는 많은 부침과 발전 과정을 거쳐왔다. 한국어로 된 책 하나 없었을 때, 평화를 이루고자 애써온 소수의 평화 활동가가 일상 속의 정의와 평화를 부르짖으며 Restorative Justice라는 신개념을 소개하였다. 시민사회에서는 평화운동의 일환으로 갈등 관련 교육을 통해 또래 조정, 중재 등 인간관계에서 빚어지는 갈등을 전환하도록 안내했고, 사법계에서는 소외되었던 피해자 중심의 접근을 시도했다.

그렇게 물꼬를 튼 운동이 어느덧 30년이라는 나이테를 차곡차곡 쌓아왔고, 영어로는 Restorative Justice를 사법으로 해야 하는가 아니면 정의로 해야 하는가를 놓고 상호교환적 의미로 이해하자며 서로 존중의 태도를 보여왔다. 불과 2년 전, 리틀북 시리즈에서 출간한 하워드 제어 교수님의 회복적 정의 소책자의 제목을 『회복적 정의/사법 리틀북』으로 출간하기까지 꽤 오랜 시간이 걸렸다.

그간 리틀북 시리즈는 최초의 『회복적 학생생활지도』가 『회복적 학생생활교육』으로 제목을 바꾸어 달았고, 같은 해에 출간한 『서클 프로세스』는 서클 진행자의 필독서로 자리하였다. 리틀북 시리즈의 출판사는 초창기 한국아나뱁티스트출판사KAP에서 2017년 대장간으로 바뀌었고, 이전보다 더 많은 회복적 정의 책들이 출간되었다. 지금 출간하는 『회복적 정의 프로그램 디자인』이라는 책은 이러한 역사의 발자취를 잇는 아주 소중한 역사 기록이자 회복적 정의의 발전 과정을 드러내 주는 책이기도 하다.

이번 소책자는 정의와 평화실천시리즈 21번째 책으로서 겉으로는 프로그램을 이야기하고 있지만 실제로는 회복적 정의가 놓치지 말아야 하는 철학, 패러다임, 본질, 핵심을 다시 점검하도록 안내하고 있다. 이미 출발선에서부터 응보적 사법 시스템의 불합리한 점을 지적하면서 등장했고, 대안 사법, 협력 사법, 전환적 사법으로서 시작되었기에 이는 당연한 말이지만, 실무에서 놓치기 쉬운 주제들을 프로그램 설계 과정을 통해 다시 들여다보고 성찰하도록 안내한다.

모두가 생존이라는 현실 상황에 먹고 사는 것을 우선하다 보니

정말로 놓쳐서는 안 되는 인간됨, 인간성, 관계성 회복, 대화 및 소통의 중요성과 같은 기본을 뒤로 물리면서 살아야 했던 모습이 없지 않았다. 이 책은 생존과 씨름했고, 지금도 씨름하고 있는 회복적 정의 실천가와 단체들에 주는 선물이다. 지난 30년 간의 회복적 정의가 걸어온 길을 성찰하게 만들고, 회복적 대화모임 진행자들이 자신을 돌아보게 만드는 보물이기도 하다.

한국에서의 회복적 정의는 학교, 학생, 교사, 교육청을 만나면서 시작된 회복적 학생생활 및 회복적 교육이 거대한 흐름을 만들어 냈고, 경찰단계, 검찰단계, 법원단계, 교정단계로 칭해지는 회복적 사법이 또 다른 흐름을 만들어 냈다. 이 둘을 오가며 회복적 정의 단체들이 퍼실리테이터라 부르는 진행자나 조정자들을 양성해 냈고, 회복적 정의 수행 단체 특히 KOPI, EduPeace, 비폭력평화물결을 위시한 여러 단체가 사단법인, 협회, 지부, 자격증 과정 등을 만들어 내며 지금에 이르고 있다. 운동이든 사법 시스템이든 단체에 속한 활동가든 아니면 개인 활동가든 회복적 정의 프로그램을 들고 사람을 만나거나 교육을 시행해야 한다면 이제 그 프로그램들을 디자인하기 위해서라도 이 책을 꼭 살펴야 할 것이다. 지금 한창 진행되고 있는 회복적 경찰활동 담당 경찰관이나, 관련

단체들과 적어도 회복적 생활교육이라는 이름 아래 학교 현장에서 진행자를 초청하는 교사, 장학사나 상담사들에게도 들여다보면 아주 큰 도움을 얻을 귀한 책으로 추천하고 싶다. 그동안 정신을 놓지 않고 회복적 정의가 가치 철학, 프로그램, 패러다임, 지도냐 나침반이냐, 프로그램이냐 철학이냐, 철학이냐 삶의 방식이냐를 놓고 씨름해 왔던 그 고민의 지점에 대해 답해주는 것으로 잘 정리되어 있다.

무엇보다 대한민국에서 가장 많은 지표로 사용되는 정량적인 평가 방법에 의문을 제기하고, 정성적 평가가 더 많이 이용되고 적용될 수 있도록 격려하는 계기가 되면 좋겠다. YPAR부분은 회복적 생활교육이 실현되는 교육계에서 적극적으로 검토하여 적용 안을 마련하면 좋겠다. 왜냐하면 대한민국의 성장동력이 인재 양성이었고 이를 견인해 낸 교육이, 일차적 임무를 성공적으로 마쳤으나, 다음 세대를 위한 교육 정책 및 프로그램이 마련되어야 할 시기를 맞이하였기 때문이다. 지금은 코로나 즉 팬데믹 이후 시대와 AI 시대가 맞물려 있어 정보 중심의 교육과 리더십으로는 사회를 견인해 내기가 힘들다. 이 책이 제시하는 것처럼, 이야기 중심, 객관성보다 주관성이 더 중요해진 시기에 모든 사회에 필요한 참여적 리더십을 양성하는 것이 필요하기 때문이다. 그러기에 참여적 행동을 기반으로 한 교육 정책을 입안하고 이에 맞는 실천 프로그램을 개발한다면 현재 고민하는 학교폭력, 교육의 질, 가치 및 관계 중심의 리더십을 양성하고 건강한 교육 공동체와 사회가 출현할 수 있기 때문이다.

방법론을 안내하는 책임에도 불구하고 이 책은 회복적 정의에 대한 내부적, 구조적, 기능적, 본질적 비판을 아끼지 않고 있다. 회복적 정의는 원래 선한 것이니 안전하다고 여기거나, 괜찮다 괜찮다 하지 말 것이며, 비판적 시각을 견지함으로써 자가당착에 빠지지 않도록 성찰로 안내하고 있다. 이는 그 어떤 프로그램이든 애초에 설계할 때부터 본질을 점검하라는 말이기도 하다.

어찌 보면 이해하기 어려운 책일 수도 있겠지만, 역자로서 이 작디작은 책이 한국의 회복적 정의를 다시 한번 업그레이드 시켜주는 단초를 제공하는 책이 되길 기대한다. 이미 소개된 거시적, 미시적 관점의 주제들을 다 끌어안으며 어떻게 하면 회복적 정의 프로그램을 이론이 아닌 실제로 작동하게 할 것인가라는 질문이 독자들에게 가 닿기를 희망해본다.

그동안 회복적 정의 관련 책자를 한국에 소개해 온 한 사람으로서 이번에도 귀한 책을 소개하고 번역하는 일을 감당할 수 있어 감사할 따름이다. 이 책 서두에서 인용한 케이 프라니스의 말처럼 회복적 정의에 관심 있는 사람들에게 이 책이 제공한 모든 내용이 꼭 그렇게 해야만 하는 지침이나 규칙이라기보다는 자발적 참여를 강조하는 온기 어린 초대장으로 다가가면 좋겠다. 초대장을 기쁘게 받는다면 독자의 삶에 정의와 평화가 깃들 것이라 믿으며….

저자 서문

회복적 정의와 참여적 행동 연구 연결하기

학교와 지역사회에 돌봄의 문화와 급진적 희망 만들기

● ● ● ●

이 책은 회복적 정의Restorative Justice, RJ와 참여적 행동 연구 Participatory Action Research, PAR라는 두 가지 급진적 사법 전통에 뿌리를 둔 프로그램 설계와 평가에 대해 생각해 보도록 여러분을 초대한다. 이 두 전통이 풍성한 대화를 나눈 적은 드물지만, 이 둘은 서로 연대하는 형제·자매다. 각 전통은 지식이야말로 피해를 가장 심하게 입은 사람들의 몸과 의식 속에서 생생하고 강력하게 자라며, 우리가 지역사회를 일으켜 세우는 운동을 전개하고, 치유하며 지식을 구축하는 동안 공감적 경청과 회복이 필수적이라는 인식론적 정의에 깊이 헌신해 왔다. 회복적 정의RJ와 참여적 행동 연구PAR는 모두 억압이 어떻게 발생하는지 그 이름을 밝히고 가능한 급진적인 희망의 불씨를 지펴 강렬한 상호책임이 살아나도록 횃불을 밝혀준다. 남미, 뉴질랜드의 아오테에어리어Aotearea의 마오리족 투쟁, 남아프리카의 반 아파르트헤이트 투쟁, 전 세계 원주민 공동체 전통의 여러 운동과 혁명에 오랫동안 뿌리를 내려온 회복적 정의와 참여적 행동 연구는 고통을 기록하고, 피해를 끼친 행동에 도전하며, 정의를 위해 격하게 동맹을 구축하고, 새로운 길을 개척하며 전진하고 있다. 인종주의에 반대하며 탈식민주의에 열정을 갖고, 들리지 않는 목소리를 듣고 권력 불평등에 맞서 싸우는 이 두 가지 접근 방식은 복잡한 교차성에 대해 고마워하면서도 불편한 진실을 다루며 권력에 의한 위계질서에 이의를 제기한다. 회복적 정의는 국가, 자본, 직업, 억압, 배제 및 사회적 또는 친밀한 관계에서 일어나는 폭력과 그로 인한 피해를 경험한 공동체를 엮는 데 있어 관계적 상호책임과 돌봄의 과정을 중심에 놓고 있다. 참여적 행동 연구는 아래에서 위로라는 일종의 상향식 조사를 통해 알려지지 않은 누적된 폭력과 저항에 관한 이야기를 기록하고, "우리 없이는 우리에 관한 연구도 없다"라는 확고한 신념에 닻을 내린 채 상처와 특권을 모두 다 드러낸다. 회복적 정의와 참여적 행동 연구는 모두 상호책임, 포용, 돌봄이라는 **정의로운** 문화 형성을 향해 학교와 지역사회가 함께 나아감에 있어 연대가 깨어지기 쉽다는 아주 소중한 믿음과 최고의 지혜에 기반한다. 회복적 정의와 참여적 행동 연구는 우리에게 지역사회 구성원과 청소년을 **위해서**for가 아닌 그들과 **함께**with 프로그램을 설계하고 평가를 재구상하도록 풍부한 방법을 제시한다.

  이 책은 타고난 솜씨와 고귀한 마음을 가진 사람들이 빚어낸 작품이다. 알리사 델 투포Alisa del Tufa는 용기, 돌봄, 급진적 희망, 열정으로 가정 폭력 관련 운동을 진행해 온 길고도 전설적인 이력을 갖고 있다. E. 퀸 고넬E. Quin Gonell은 인종에 대한 비판적 이론, 교육에서의 정의, 참여적 실천프락시스, 학교 안팎의 세대 간 행동주의에 기반을 둔 교육가이자 회복적 정의 실천가로서 활동한 기간은 짧지만, 헌신에 있어서는 타의 추종을 불허할 경력을 갖고 있다. 두 사람은 이 책에서 **RJ**와 **PAR** 영역의 프로그램 개발 및 평가와 관련하여 자기 이야기와 경험을 나누면서 그들이 걸어온 여정을 눈으로 보고 상상해 보도록 독자를 초대한다. 알리사와 퀸은 참가자들이 직접 겪은 피해에 대해 말하고, **정의로운** 지역사회를 품고, 아직 오지 않았으나 앞으로 이루어질 세상의 모습을 상상하는 가운데 말하고, 기록하고, 분석하고, 문제들을 꽉 끌어안도록 학교와 지역사회의 사례 연구를 소개한다.

나는 지금은 정치적 운동으로 망가져 버렸으나 한때 몽클레어 공립학교에서 시행했던 회복적 정의에 열광적으로 관여했던 사람이자 결정적인 PAR 프로젝트에 몸을 담갔던 당사자로서, 잠시 RJ-PAR을 쉬며 이 서문을 쓰고 있다. 몽클레어 공립학교는 처벌과 백인 우월주의와 국가 폭력, 친밀한 폭력을 넘어서는 것은 물론, 여성 혐오, 트랜스포비아, 인종 차별, 외국인 혐오, 인종 자본주의를 넘어 급진적 참여와 치유, 희망의 햇살을 받으며 아직 오지 않은 세계를 품는 곳이다. 프로그램을 설계하고 평가 전략을 구상할 때, 이제 독자들은 회복과 참여라는 달콤한 날줄과 씨줄을 자아낼 수 있을 것이다.

— 미셸 파인 Michelle Fine

CUNY 대학원 센터, 비판적 심리학 및 도시 교육학 석좌교수

공공과학 프로젝트 공동 창립 멤버

남아프리카대학교 객원교수

1장

개요

지난 25년 동안 "회복적 정의"라는 용어를 사용하는 프로그램, 프로젝트, 제안이 폭발적으로 증가했다. 이러한 일은 수천 년 동안 전 세계 문화권에서 생겨나 사용되었고, 현대 사회에 맞게 변형된 모습으로 실천되며 성장하고 있다. 오늘날 회복적 정의의 실천이 인기를 끄는 것은 학교에서 채택하고 있는 "무관용 원칙"과 기타 처벌적 조치뿐만 아니라, 인종, 경제, 정신 건강, 젠더와 같은 영역에서 사법 시스템이 드러낸 편견과 체제적 실패에 대한 인식이 높아지는 것을 포함하는 등 다양한 추세가 반영되어 있다. 지난 수십 년 동안 전 세계적으로 회복적 정의가 이끌어온 일에 대한 긍정적 영향은 사람들과 시스템에 회복적 실천이 정의, 공동체 구축, 치유를 적극적으로 지지하고 향상하는 방식에 대해 성찰하도록 이끌고 있다.

이러한 새로운 관심은 회복적 이념과 실천을 다양한 방식으로 활용하도록 많은 프로그램을 생성해 왔다. 여기에는 법정 다이버전, 청소년 사법 프로그램, 심도 있는 영적 서클 활동, 캠퍼스 기반

생활교육 관련 실천적 대안, 국내 및 국제적 맥락의 진실과 화해 프로젝트, 그리고 학교에서의 단계적 회복적 정의 등 다양한 프로그램이 포함된다. 이러한 프로그램 중 일부는 수감, 정학, 퇴학에 과도하게 의존하는 행동을 줄이려고 노력할 때, 문제 행위를 언급하는 것에 초점을 맞추었던 대규모 시스템 혹은 학교 내에서 발생하는 피해 사례를 해결하기 위해 고안되었다. 회복적 정의의 실천에는 지역사회 환경, 인종 정의 노력, 친한 사람에게 폭력을 당한 생존자들을 치유하고 회복시키고자 시도한 기타 실험들도 있다. 상호부조를 핵심 실천 내용으로 하는 최근의 사회운동을 통해 회복적 실천을 구현하기도 한다.

파니아 데이비스Fania Davis는 회복적 정의란 "처벌이 아닌 치유를 추구하는 정의다. 보복이 아니라 치유를 추구하는 것이 정의다. 상처받은 삶, 관계, 공동체가 더한 피해로 나아가지 않고 변혁하는 것이 정의다"라고 했다.[1] 회복적 실천의 기본 가치들은 진정한 변혁적 잠재력을 가지고 있다. 여기서 변혁적이란 개인, 관계, 지역사회 및 시스템에 긍정적이고 지속적인 변화를 일으킬 수 있다는 뜻이다. 우리 프로그램들이 이러한 변혁적 가능성에 안전하게 뿌리를 내릴 수 있게 하려면 이러한 기본 가치들의 변혁적 잠재력을 증진하는 방식으로 프로그램을 설계하고, 실행하고, 평가하는 것이 중요하다. 이렇게 미리 준비하지 않으면, 실제에서는 단지 현상

---

[1] Davis, Fania E. (January 9, 2019). "What's Love God to Do with It?" Tlkkun. tikkun.org/whats-love-got-to-do-with-it/.

유지라는 고상한 형태에 불과한 일을 회복적 업무라고 부를 위험이 있다. 따라서 의미 있고 효과적인 회복적 정의 프로그램을 구현하는 동안, 이론과 가치, 실천적인 면을 하나로 일치시켜야 한다.

이 책은 이러한 일치를 향해 나아가고자 참여적 행동 연구Participatory Action Research, PAR라는 한 가지 방법을 강조하게 될 텐데, 이는 회복적 실천과 잘 부합하는 방법으로 변혁적 가치에 뿌리를 두고 있다. PAR은 문제의 영향을 가장 많이 받는 사람들이 그 문제를 해결하는 데 가장 적합하다는 생각을 구체화한다. PAR은 우리의 시선을 참여자의 강점과 자산에 다시 집중시키며, 참여자, 지역사회 및 우리의 작업을 풍요롭게 하는 데 이러한 자산을 활용하도록 도움을 준다. 이는 수직적 위계를 평준화하고 관계와 포용력을 강화해 준다. PAR은 가장 영향을 많이 받는 사람들이 아이디어, 전문성, 지식과 경험을 갖고 개인과 시스템 차원에서 변화를 만들도록 추동하는 영향력을 만들어내고 실행하고 평가하도록 확실히 한다. 참가자들에게 기회와 자원이 제공되면 리더가 될 수 있는 잠재력도 갖게 된다. PAR은 회복적 정의와 마찬가지로 사람들이 가치에 초점을 맞추게 하고, 우리 일이 더 많은 변혁적 힘을 갖게 만드는 아이디어이자 방법의 집합체이다. 단순히 갈등과 문제를 해결할 뿐만 아니라 불평등을 유지하는 구조를 드러내도록 역량을 강화하는 아이디어이자 방법의 집합체다.

RJ 프로그램을 만들고 실행하는 데 따르는 어려움은 행동 변화, 비용 절감, 법정에서 보내는 시간 단축, 정학/퇴학을 줄이는 것과 같이 결과에 초점을 맞추는 경향을 보인다는 점이다. 이러한 목표들이 중요하지 않다는 의미는 아니지만, 성공과 실패에 대한 정량적 측정과 분석을 통해 투자를 정당화하려는 자금 제공자나 기관 파트너들이 이러한 목표를 주도하는 경우가 많기에 하는 말이다. 결과를 통해 회복적 정의의 가치를 측정하는 것은 선주민들의 전통에 뿌리를 둔 회복적 정의의 핵심 가치를 거스르는 행위다. "이러한 방식으로 회복적 정의를 측정하는 것이 옳은가?" 하는 것은 아주 중요한 질문이다. 관계 구축, 치유, 상호책임, 회복이라는 가치들이 주요하게 작동하는 분야에서, 우리가 무엇을 어떻게 측정할 것인지 고려하는 것은 매우 중요하다. 그렇지 않으면 우리는 우리가 추구하는 가치를 알지 못하는 다른 사람들의 이해관계에 휘둘릴 위험이 있다.

이러한 정량적 결과에 너무 많은 관심을 쏟다 보면 회복적 실천의 근본적인 가치와 상충하는 프로그램을 운영할 수도 있다. 결과도 중요하겠지만, 자기 성찰, 치유, 자기 결정권과 자기 주체성, 상호책임, 자발적 참여, 형평성, 공정성과 정의, 목소리와 지식의 민주화, 관계 및 공동체 구축 등과 같은 회복적 실천의 더 깊고 장기적인 의도를 훼손하거나 단절시킬 수 있다. 이러한 목록은 기존의 전통적 방식으로는 평가할 수 없는 개념들로 가득 차 있다. PAR은 이러한 목표를 이해하고 측정 가능한 방법들을 제시함으로써 우리 작업에 이러한 가치들을 증진, 강화, 유지해 준다.

다음 장부터는 회복적 정의/실천과 PAR이 어떻게 일치하는지,

이러한 아이디어와 가치들이 설계, 실행, 평가 전략을 통해 회복적 프로그램의 창출과 성공을 어떻게 지원하는지, 그리고 참여적 행동 연구 프로세스를 설계하는 방법에 관한 기초적 관점을 살펴볼 것이다. 이 책을 관통하는 주제는 우리가 시행하는 작업에서 사회 정의라는 가치와 목표를 중심에 두는 것이 얼마나 중요한지, 어째서 사회 정의가 진정한 RJ의 본질인지, PAR이라는 방법이 회복적 정의 프로그램을 개발하고 평가할 때 우리가 사회 정의에 집중할 수 있도록 어떤 도움을 주는가 등이다. 우리는 또한 청소년 참여 행동 연구YPAR를 활용하여 청소년을 위한 구체적인 제안에 관하여도 논의할 것이며, 이 작업을 진행하는 데 도움이 되는 도구와 자료를 공유할 것이다.

이 책은 PAR 프로세스를 개발하기 위한 상세한 단계별 가이드북이 아니다. 이와 관련하여 참고할 만한 핸드북이 많이 있으며, 이 책의 끝에 참고도서로 실어 놓았다. 이 책에서 우리는 프로그램 개발과 평가에 초점을 맞추고 PAR의 기본 틀 안에서 주요한 프로세스를 수행해야 할 구체적인 이유와 영감을 주기를 희망한다. 실제로 우리는 여러분의 일에 적용할 수 있는 구체적인 도구들을 공유할 것이며, 더 나아가 이러한 방법을 적용해야 하는 이유와 내용과 방법을 강조하기 위해서 특정한 사례 연구를 사용하였다. 이 책을 다 읽고 나면 여러분이 회복적 프로그램을 설계하고, 실행하고, 평가할 때 참여적 행동 연구를 더 깊이 이해하고 실용적으로 사용할 수 있기를 바란다.

나알리사와 함께 진행한 교육에서 케이 프라니스Kay Pranis가 말했던 것처럼, "우리가 여기서 제공한 모든 것은 꼭 그렇게 해야만 하는 지침이 아니라 초대장"이다. 이곳에 제시된 아이디어가 여러분의 회복적 실천을 강화하고 심화시키는 데 도움이 되기를 간절히 바란다.

2장
회복적 정의의 가치와 사회 정의

● ● ● ●

이 책은 회복적 정의의 가치와 뿌리에 부합하고 이를 강화하는 설계 및 평가 방법을 통해 우리가 어떻게 회복적 정의에 집중하고 충실할 수 있는지 다룬다. 회복적 정의가 개인, 지역사회, 시스템을 치유하고 변혁하는 잠재력에 부응하려면 우리가 의도치 않게 억압적인 시스템을 재생산하고 있는 것은 아닌지 면밀히 살펴봐야 한다. 이를 위한 과정의 첫 단계로, 우리가 업무를 통해 증진하고자 하는 가치가 무엇인지 파악해야 한다. 그중 가장 중요한 것은 다양한 형태를 띠는 사회 정의, 즉 형평성, 포용성, 자원과 특권의 공정한 분배를 중심으로 하는 가치를 점검해야 한다. 이러한 가치들을 존중하고 증진하며 강화하기 위해서는 우리가 말하는 이러한 가치들이 무엇인지와 실제 프로그램 운영 방식 사이의 불일치를 파악하고 탐구해야 한다. 특히, 문화적 관행과 우리가 이를 어떻게 적용하고 있는지, 제도와 시스템에서 강력한 행위자를 허용하거나 옹호하는 방식에 관한 깊은 이해가 있어야 한다. 이번 장에서는 이러한 가치를 파악하고 일치하지 않는 부분을 살펴봄으로써, 프로그램 개발과 평가가 회복적 정의의 가치들과 무엇이 다르게 작동하거나 부합하는지 그 배경을 살펴보게 될 것이다.

▌사회 정의

오늘날 많은 사람이 우리 사회를 통제하는 기관의 성차별, 계급, 인종차별적 관점과 정책, 관행에 관해 어느 정도 알아차리게 되었다. 우리는 이러한 것들이 높은 빈곤율, 수감률, 위탁 양육, 노숙, 정신 질환, 열악한 교육 결과에 어떻게 영향을 끼쳐왔는지 알 수 있게 되었다. "흑인의 생명도 소중하다Black Lives Matter"라는 시위는 그들을 보호해야 할 법 집행 기관의 막강한 권한과 이를 보호하기 위한 정책의 극단적 권력에 관심을 집중시켰다. "학교-교도소 간에 존재하는 파이프라인"에 관한 연구에서 나온 데이터는 유사한 결론을 뒷받침하는데, 이는 정의와 공정성에 대한 우리의 생각과 반대된다. 제도적인 억압의 영향을 예리하게 드러내는 다음의 데이터를 살펴보자.

수감률[2]

- 흑인은 미국 전체 인구의 13%를 차지하지만, 교도소나 구치소에 수감된 인구의 38%를 차지한다.
- 흑인 대 백인 미국인의 수감률: 10만 명당 2,306명 대 450명

---

[2] Prison Policy Initiative. prisonpolicy.org/research/race_and_ethnicity/.

빈곤율[3)]

- 전체 빈곤율^{미국 전체 인구}: 11.4%
- 백인 빈곤율^{남성과 여성}: 8.2%
- 여성 빈곤율: 12.6 %
- 아프리카계 미국인 빈곤율: 19.5%
- 히스패닉 빈곤율: 17.0 %
- 아메리카 원주민 빈곤율 : 23.0 %

아동 복지 사례 및 위탁 보호율[4)]

- 흑인 아동은 전체 인구의 13.71%이지만, 위탁 보호 아동의 22.75%가 흑인이다.
- 아메리칸 인디언/알래스카 원주민 아동은 전체 인구의 1% 미만을 차지하지만 위탁 보호 아동의 2.4%를 차지한다.
- 백인 아동은 전체 인구의 50.5%를 차지하지만 위탁 보호 아동의 44.37%에 불과하다.

이 무거운 통계수치는 대규모로 실패한 개인을 드러내고자 함이 아니라, 우리 지역사회의 공평성과 복지를 가로막는 제도적인 정책과 관행을 반영한 것이라 믿고 있다.

---

3) Talk Poverty. talkpoverty.org/basics/.
4) National Conference of State Legislators. ncsl.org/research/human-services/disproortionality-and-race-equity-in-child-welfare.aspx.

비록 우리가 현대의 탈산업 사회에서 큰 기관 없이도 살 수 있다고 생각할 만큼 순진하지는 않지만, 우리는 또한 많은 기관들이 권력을 이용해 많은 사람에게 부당한 신념을 강요하는 방식을 쉽게 받아들일 만큼 무감각하지는 않다. RJ 프로그램을 운영하는 이러한 기관들은 백인 남성 우월주의의 가치를 장려해 온 시스템의 일부이며, 이러한 시스템은 우리 역사에서 백인 남성이 거의 모든 힘을 통제해 왔던 정부, 법집행기관, 은행, 재단, 종교 공동체, 아동복지, 의료 및 교육 분야에서 이를 유지하는 메커니즘을 발전시켰다. 회복적 정의 프로그램과 실무자들이 이러한 통제를 유지하는 또 다른 도구가 되지 않으려면 이 "시스템"에 대해 비판적으로 생각해야 한다.

우리는 회복적 정의가 사회적 정의의 가치에 뿌리를 두고 있으며, 우리의 작업이 자주 칭송받는 선주민 전통에 뿌리를 두고 있다고 주장한다. 회복적 정의는 선주민 전통에서 발원한 다음의 원칙을 담고 있다.[5]

- 공동체(지역사회) 중심: "사람들은 단지 사회에 속해 있는 각 개인의 총합이 아니다. 모든 사람은 다른 사람에게 특별한 의무를 갖고 있기 때문이다."
- 전체의 일부: "원주민의 가르침은 우주 안의 모든 것은 관

---

[5] Leung, May. (April 4, 2001). "the Origins of Restorative Justice." Canadian Forum on Civil Justice, www.cfcj-fcjc.org/sites/default/files/docs/hosted/17445-restorative_justice.pdf.

계를 통해 서로 연결된 하나의 전체라고 말한다. 전체는 물리적이며 영적이다. 인간 간에 상호관계를 깨닫는 가운데 지구와 영적인 존재들은 조화로운 사회의 기초가 되는 건강한 관계를 구축한다."

- 피해를 말함: "전통적인 가르침에 따르면, 사람들은 항상 발생한 사건과 진실에 대해 서로 다른 인식을 갖는다. 이러한 관점에서, 진실이란 일어난 사건과 연결된 의식과 이에 대한 각 사람의 반응과 관련이 있는데, 그 이유는 그것이 당사자에게 진짜 사실이기 때문이다. 그러기에 객관성이란 환상에 불과하며 범죄의 심각성에 대해 질문하는 것은 쓸데없어 보이기도 한다. 따라서 정의의 핵심은 범죄의 심각성이나 상세한 내용에 두기보다는 잘못한 행위의 피해와 그 원인을 다루는 데 두어야 한다."

비록 이러한 사상이 처음 등장했을 때 "사회 정의"라는 개념이 없었을 수도 있지만, 우리가 회복적 정의의 핵심이라고 주장하는 우리 시대의 사상들, 즉 공평과 포용을 중시하고, 자원과 특권의 공정한 분배를 증진하는 사상들과 조응하고 있다. 이런 것들 없이는 개인과 집단의 안녕을 이룰 수 없기 때문이다. 다시금 이러한 원칙들에 초점을 맞추지 않으면서 회복적 정의를 실현한다고 말해서는 안 된다. 우리는 개인의 치유와 함께 구조적 억압을 동시에 해결하는 방식으로 사회 정의에 헌신하도록 조율해야 하며 가능한 한 정직하게 회복적 정의를 수행해야 한다. 이러한 조율 없이 회복적 정의의 변혁적 힘과 독특성을 말하는 것은 개인, 관계, 지역사회, 기관과 시스템에 끼칠 수 있는 영향력을 축소하거나 위험을 방관하는 일이다.

회복적 정의가 "진정성 있고 역동적인 사회 정의 운동"이 되기 위해, 제어 연구소 Zehr Institute는 최소한 다음의 여섯 가지 독특한 특징이 구체적으로 실현되어야 한다고 밝히고 있다.

1. 불의에 가장 크게 영향을 받는 모든 사람예를 들어 피해자와 가해자, 연결된 가족, 공동체 네트워크을 통합하고 회복적 정의 과정에 참여할 자유와 그들의 목소리를 증폭시킨다.
2. 널리 횡행하는 "임시방편의 빠른 해결 방식"이라든가 정치적 타협에 의한 법률들이 제도적 협조와 획일성을 강요하도록 몰아갈 수 있으므로 이에 저항한다.
3. 인종적, 민족적 정의에 관여하거나 집중하여, 이 나라와 전 세계의 식민지배와 폭력적 억압의 역사적 피해를 치유하도록 주장한다.
4. 개인적, 사회적, 구조적 폭력과 인간 정의의 그물망을 형성하는 모든 교차적 관계를 변혁하는 데 적용하기로 결심한다.
5. 탈제도화, 분권화된 조직 구조, "아래에서 위로 향하는" 정의 실현과 프로세스를 위해 노력한다.

6. 공유적이며 해방적인 리더십 방식과 기능의 모범을 보여준다.[6]

이러한 특징들은 회복적 정의가 점점 더 수용되고 주류화됨에 따라 우리가 무엇을, 어떻게 해야 하며, 누구를 위해 회복적 정의를 수행해야 하는지 본질적인 목표에 관해 질문하는 것이 회복적 정의의 중요한 현안임을 강조하고 있다.

RJ와 사회 정의 사이의 불일치

연구 및 활동 분야로서 회복적 정의는 인종 차별, 불평등, 구조적 억압이 우리 지역사회의 사람들에게 부과하는 무게가 어떤지 여전히 적절히 다루지 못했다. 이는 백인, 남성성, 학벌, 제도적 우호 관계 등에 따라 부여되는 지위와 그에 따른 특권에 대해서도 마찬가지다. 법원, 경찰, 학교 등과 회복적 정의 프로그램이 점차 긴밀하게 연결되면서 시스템이 억압을 조장하고, 강요하고, 유지하게 되는 오랜 역사를 갖게 되었다. 특권을 누리는 사람들은 자신도 모르게 지배의 가치와 기대를 반영하는 회복적 사법 프로그램을 만들어 왔다. 만약 우리가 진정으로 치유와 회복, 상호책임을 증진하고 공동체를 구축하고자 한다면, 개인의 피해 사례에만 초점을 맞출 것이 아니라, 이러한 행위를 빚어내는 좀 더 깊은 관습, 가정,

---

6) Stauffer, Carl. "Restorative Justice_A Movement in the Making?" (2021) in *Listening to the Movement: Essays on New Growth and New Challenges in Restorative Justice*. Eugene, OR: Cascade Books, 168.

구조에도 초점을 맞추어야 한다. 예를 들어, 우리가 법원에서 보호관찰 중인 청소년이 몇 명이 되는지와 같은 숫자로 우리의 성공을 측정할 것이 아니라, 청소년들이 살고 있는 지역사회가 그들의 존엄, 주체성, 복지를 얼마나 증진하는가와 같은 것들에 초점을 맞출 수 있어야 한다. 현장에서 RJ가 지향하는 것과 프로그램의 개발 방식 사이에 불일치를 드러내는 두 가지 특별한 관행이 있는데 문화적 전유와 시스템에 기반한 행위자들의 참여 부족이 그것이다.

문화적 전유

지배적인 집단이 통제력을 행사하는 하나의 방법은 자신들이 개발하지 않은 지식 창조, 문화적 표현, 경험을 전유하여 혜택을 누리고 공로를 인정받는 것이다. 이러한 "문화 제국주의"는 앞서 일한 사람들의 노력과 공헌을 지워버리고 마치 이러한 아이디어가 자신들 앞에 떨어진 것처럼 보이게 만든다. 많은 회복적 실천의 뿌리는 전세계 선주민Indigenous 공동체에 있으며, 이러한 뿌리를 인정하고 이해하며 존중하는 것이 중요하다. 미국에서 사는 우리는 사실 이 땅에 사는 원주민the First Nations들에게 많은 빚을 지고 있다. 미국 원주민들 사이에 다양한 전통과 관습이 존재하지만, 현재 우리가 "회복적"이라고 부르는 많은 실천은 관계와 공동체의 안녕을 지원하고 강화하도록 개발되고 육성된 것이다.

원주민이 아닌 현대의 회복적 정의 실천가들이 제대로 이해할 수 있는 원주민의 전통적 삶의 방식은 그리 많지 않다. 그러나 여전히 현재 "회복적 정의"의 부분으로 역사와 방법의 의도를 이해하는 것뿐만 아니라 그들이 성장해 온 전통에 대한 가치와 맥락을 이해하는 것은 매우 중요하다. 회복적 정의 분야가 억압 시스템을 만들고 유지해 온 기관의 지표, 자금, 기대치를 수용함에 따라, 우리는 선주민 문화에 중심이 되는 가치에 더 깊이 관여하고 이를 우리 업무에 통합하기 위해 얼마나 더 노력해야 하는지 주의 깊게 살펴봐야 한다.

원주민이 아닌 사람들 또한 지난 600년 동안 선주민의 삶과 전통에 대한 지속적인 파괴와 유럽의 확장주의, 폭력 그리고 지배로 특징되는 영속적이고 지속적인 관계와 협약에 의한 폭력을 인식하고 책임을 져야 한다. 우리가 서클을 시작할 때 과거 토지를 강제 점유한 것에 관해 토지 인정의식land acknowledgement, 지금 서 있는 땅이 원래 누구의 것이며 지금 우리는 어디에 있는지 고백하고 인정하는 의식을 하는 것은 매우 중요하지만, 그것을 거듭 반복하여 낭독하는 것만으로 치유가 저절로 이루어지지는 않는다. 토지 인정의식은 그 의미가 논의되지 않고 실천이 포함되지 않을 때 공연 어조를 띠게 된다. 프로그램 개발과 평가에 선주민 공동체의 가치를 포함하려는 신중한 노력과 성찰 없이 일을 진행하는 것은 감사는커녕 적절성의 문제를 일으킬 것이다.

알아차림과 고마움 어린 존중의 실천을 발전시키면서, 회복적 정의의 뿌리와 관련하여 과거를 모호하게 지우려는 지배적인 문화의 경향을 사람들에게 알리고 교육하는 것이 매우 중요하다. 실질적이고 의미 있는 행동을 통합하는 방법을 찾는 것은 회복적 정의 실천이 우리에게 주는 선물에 감사하는 동시에 필요한 책임과 역사를 고쳐 쓰는 긴 상호책임의 여정을 시작하는 중요한 방법이다. 또한 이러한 공동체에 관심을 두고 지지하기 위해 우리가 매일 내려야 할 결정들도 있다. 그런 결정 중에는 기부금을 모으거나, 참여하는 사람들에게 사회 정의를 위한 노력이라든가 압제에 저항하는 노력을 기울이게 하고, 지역 사업가들에게 선주민과 유색인종들을 고용하여 프로그램 자원들을 디자인하도록 하며, 변호사, 회계사, 출장 요리사 등을 고용하고, 다양한 기관을 운영하며, 직원과 이사가 되게 하는 일 등이 있다.

제도상의 행위자 배제

우리는 종종 회복적 정의를 개인 간의 상호책임을 촉진하기 위해 사용하는 일련의 실천 사항이라 여긴다. 이는 회복적 정의를 실천하고 사용하는 중요하고도 의미 있는 방식이다. 그러나 사회 정의의 가치를 중심에 두는 모습으로 나아가기 위해 학교, 의료 돌봄, 형사/법률, 종교, 비영리, 창의적 기관, 지역사회, 시민단체 등 우리가 속해 있거나 함께 살아가는 기관이나 제도와 연결하는 것이 절대적으로 필요하다. 비판적 인종주의나 여성주의 이론에서 알 수 있듯이, 사회구조, 문화적 규범, 제도는 결코 중립적이거나 백지상태가 아니다. 이러한 것들은 특정 아이디어와 가치관을 가진 사람들이 어떤 특정 행동은 장려하고 다른 어떤 행동은 제한하거나, 중지시키거나, 처벌하기 위해 만든 것이다.

만약 대화에 "제도"를 포함하지 않는다면, 우리는 결국 현재의 정책과 실천을 장려함으로써 똑같은 억압적인 회전문을 지지하게 되고 만다. 이 책 저자들의 제도 안에서의 경험은 이러한 경향성을 강조하고 있다. 즉 현상 유지를 위한 제도들을 추구하고, 선주민과 사회 정의의 가치에 반하는 가치와 관행을 장려하게 된다. 그렇게 하는 이유는 다양하지만 대략 다음과 같은 이유가 있다.

1. 기관은 개인의 행동을 통제하는 관행을 장려하고 자신들이 속한 더 큰 조직적 힘에 대해서는 다루지 않는다.
2. 기관은 대규모 집단을 위한 절차와 프로세스를 만들고, 미묘한 차이를 덧붙이거나 수정이 필요한 반응을 피하려고 모든 사람이 준수해야 하는 일반적인 규칙을 정한다.
3. 기관은 형평성, 공동체, 사회적 가치를 저평가하는 식민지 철학의 영향을 많이 받은 응보적 시스템 안에서 사회화된 사람들이 운영한다.
4. 형사/법률, 경찰, 교육과 같은 대규모 시스템은 종종 회복적 정의 프로그램의 계약자/재정 후원자가 되기도 한다. 이것은 시스템의 목표와 이를 측정하는 지표가 시스템 자체를 강화하는 데 사용된다는 의미다. 이러한 시스템 내에서 이루어지는 회복적 활동이 아예 시작부터 난관에 부딪힌다는 뜻일 수도 있다.

이러한 문제에 태클을 거는 일은 쉽지도 않고 빠르게 해결할 수도 없다. 이를 위한 몇 가지 전략을 들자면 다음과 같다. 직원과 공동체의 실제적인 필요에 기반하여 업무를 수행할 수 있도록 외부의 대형 기관으로부터 자금을 지원받는 방법, 시스템 변화에 공감하는 사람들을 찾아내어 여러분이 하는 일에 참여시키는 방법, 진정한 변화가 어떤 모습인지 보여줄 수 있도록 압력을 가하는 방법, 정의를 향해 나아가는 정치적 혹은 정책적 변화를 주장하는 방법 등이다.

PAR을 통한 사회 정의 증진하기

회복적 정의 실천가로서 우리는 선주민 실천 관행에 기반을 둔 우리의 뿌리와 최근의 역사가 피해를 회복하기 위해 특정한 행동 변화가 필요한 자율적 개인을 보는 것 이상의 피해에 관한 이해를 반영한다는 점을 알고 있다. 우리는 우리를 지지하거나 방해할 수 있는 시스템을 갖춘 사회와 공동체에서 살고 있으며, 피해는 실제로 피해와 직접 관련된 특정 사람들뿐만 아니라 그 이상에 영향을 미치고, 치유에는 처벌하는 것보다 더 많은 다른 어떤 것들이 필요하다고 이해한다.

앞으로 살펴볼 여러 장에서 우리는 PAR에 기관 리더들을 참여시키고, 가장 크게 영향을 받은 사람이 우리의 회복적 정의 작업을 새롭게 하는 데 중심이 될 수 있도록 기회를 제공하며, 집단적이고 공동체 지향적인 해결책을 구축하도록 다양한 방법을 공유할 터

인데, 이 모든 것을 통해 회복적 정의 업무에서 우리가 집중하고자 하는 가치를 장려하게 될 것이다. 『회복적 정의의 색채화*Colorizing Restorative Justice)*』의 첫 페이지에서 파니아 데이비스는 "회복적 정의의 가장 깊은 목표가 우분투[7]를 수용하고 '사랑받는 공동체'를 만들기 위해 일하는 것이라면 우리는 변혁적인 제도를 통해 이러한 피해를을 변화시키는 일을 해야만 한다"[8] 라고 썼다. 프로그램 설계 및 평가라는 맥락에서 PAR은 우리가 업무를 설계하고, 실행하고 평가하는 데 도움을 주는 가치와 아이디어와 도구들을 제공함으로써 정의, 형평성 및 치유를 더 잘 창출하도록 도와줄 것이다.

---

[7] 우분투(Ubuntu)는 남아프리카어로 "당신이 있기에 나도 인간이다"라는 뜻입니다. 다른 사람을 통해 사람을 인정한다는 뜻이다. **우분투**는 서로를 배려하고 연대하는 것을 원칙으로 한다.
[8] Davis, Fiona. *Little Book of Race and Restorative Justice*. Good Books, 2019.

회복적 정의의 핵심가치

- **인간의 존엄성 존중**: 회복적 정의의 기본 철학은 모든 인간은 가치 있고 존중받을 자격이 있는 존재로 인정한다.
- **타인에 대한 연대와 책임**: 사람들은 상호의존적이고, 상호 연결되어 있으며 다양하므로 이러한 관계의 질은 개인의 안녕과 사회적 결속을 위해 매우 중요하다.
- **정의와 상호책임**: 회복적 정의의 초점은 정당하지 않거나 잘못으로 일어난 피해에 집중한다. 목표는 고통을 완화하고 추가 피해의 가능성을 줄이는 것이어야 한다.
- **대화를 통한 진실**: 회복적 과정의 참여자, 특히 종종 무슨 일이 일어났는지 이해해야 할 필요성이 있는 피해자를 위해 중심에 놓아야 할 가치는 바로 대화를 통해 진실을 획득하는 일이다.[9]

― 유럽 회복적 정의 포럼

---

9) European Forum on Restorative Justice, *Manual on Restorative Justice: Values and Standards for Practice*. p.16. heeps://www.euforumrj.org/sites/default/files/2021-11/EFRJ_Manual_on_Restorative_Justice_Values_and_Standards_for_Practive.pdf.

3장
회복적 정의 프로그램 설계 및 평가

● ● ● ●

간단히 말해, 우리는 우리가 돕고자 하는 사람들을 우리 업무의 철학과 의도에 충실한 방식으로 돕고 있는지 분명히 하기 위해 프로그램을 설계하고 평가한다. 가능한 한 회복적 정의의 중심에 놓여있는 목표들을 달성하고, 우리의 실천이 핵심 가치에 부합하게 하며, 이러한 목표에 대한 충실도를 판단할 수 있는 의미 있는 방법을 확보하고, 실천, 결과 및 가치의 일치성을 개선할 방법들을 마련하고자 한다. 프로그램을 설계하고 평가할 때는 이러한 일치성을 염두에 두어야 한다. 반억압주의와 사회 정의를 우리 업무의 핵심으로 여긴다면, 이러한 결과를 촉진할 수 있는 방식으로 업무를 명확히 설정하고 구축할 수 있어야 한다.

너무 직설적으로 들리겠지만 이는 생각보다 복잡한 일이다. 때때로 우리는 프로그램을 홍보하고 운영하고자 노력을 기울일 때, 근본적인 원칙에 더 집중하기보다는 우리가 사용하는 실천에 더 초점을 맞출 때가 많다. 서클이나 가족 팀 회합을 진행한다고 해서 그것이 회복적 정의를 실천하는 것은 아니다. 근본적인 가치를 제대로 이해하고 명료화할 수 있을 때라야 비로소 우리의 방법이 그러한 목표에 얼마나 부합하는지, 우리의 실천이 그 목표를 달성하는 데 적절한 것인지 아닌지를 판단할 수 있다. 특히 회복적 정의의 영역이 형사/법률 및 교육 시스템과 같은 대규모 시스템과의 파트너십을 갖고 협력을 확대하고 발전할수록 이를 깊이 생각하고 우리 업무를 구별하는 가치를 고수하는 것이 더 중요해진다.

프로그램 설계와 평가는 비전을 실행에 옮기고 그 효과와 영향력을 지속적으로 개선하는 방법이 된다. 이렇게 함으로써 우리의 업무가 우리의 가치에 부합하고 핵심 목표에서 벗어나지 않고 더 큰 잠재력을 발휘할 수 있게 된다. 어떤 면에서 프로그램 설계와 평가는 서로 연관된 노력이라 할 수 있다. 각각 우리 업무의 근본적인 가치와 목표를 검토하고 최선을 다하도록 기회를 제공하기 때문이다, 우리가 가진 인력, 방법, 훈련, 지원 시스템, 아웃리치, 상호책임 계량, 자금의 흐름, 명시된 결과, 공공성에 관한 입장, 연구 및 파트너십이 우리가 달성하고자 세운 목표와 가치를 뒷받침하는지 확인해 주기 때문이다. 만약 우리가 사회 정의를 증진하려는 우리의 열망을 진지하게 생각한다면 우리는 일관성을 갖고 위에서 설명한 모든 업무와 가치와 이를 촉진하는 행동을 점검해야 한다. 이제부터 일관성을 촉진하는 프로그램 설계와 성과를 측정하기 위한 평가에 대한 중요한 고려 사항을 논의하고자 한다.

프로그램 설계 및 평가: 회복적 가치 지원을 위해 쌍으로 기울여야 할 노력

프로그램 설계는 사회 정의, 공감, 관계구축, 피해 당사자의 목소리를 중심에 놓기, 의미 있는 의사소통, 책임 지우기, 상호책임 지기, 치유 및 피해 회복에 뿌리를 둔 가치 등, 핵심 가치를 실현할 가능성이 가장 높은 프로그램을 개발하고 구현하는 방법에 초점을 맞추게 될 것이다. 비록 회복적 프로그램의 사명 선언문에 이러한 가치가 언급되어 있다고 할지라도 실제 업무에서 이러한 가치가 제대로 실현되는지 그리고 그것을 어떻게 알 수 있는지에 대해 비판적으로 생각하지 않는 경우가 많다.

반면에 평가는 우리가 한 일을 되돌아보고, 우리가 하고자 했던 일과 어떻게 비교되는지, 그 외에 무엇이 달성되었는지, 어떤 장벽이 존재하는지, 어떤 개선이 필요한지, 앞으로 나아가고 개선하는 데 도움이 되는 통찰력이 무엇인지 다시 발견하게 한다. 평가는 우리가 어떻게 하고 있는지, 목표를 달성하는 능력을 개선하거나 확장하기 위해 무엇을 해야 하는지, 그리고 그로부터 성장하는 구체적인 결과를 파악하는 데 도움을 준다. 실제로 우리가 회복적 정의의 가치에 충실한 프로그램을 운영하고자 한다면, 우리가 진정으로 측정하고 평가하고자 하는 것이 무엇인지에 관해 비판적으로 생각해야만 한다.

우리가 일반적으로 측정하는 것은 무엇인가?

불만을 제기한 사안을 접수한 후 고객 서비스 설문조사에 참여해 본 경험이 있는가? 서비스의 효과를 판단하기 위한 질문들은 만족스러웠는가? 예를 들어, 잘못된 택배를 받았거나, 제대로 수리되지 않은 차량을 딜러에게 가져갔거나, 받지 않은 시술에 대해 원무과에서 끊임없이 발행한 청구서를 받아본 적이 있는가? 대개 설문조사에서 묻는 질문은 다음과 같다. 고객 서비스 담당자가 친절하고 정중했으며 지식이 풍부했는가? 고객 서비스 담당자가 문제를 해결하려고 노력했는가? 대부분 고객 서비스 직원 자체는 훌륭하다. 그러나 이러한 질문은 대개 다음과 같은 내용을 결코 문제의 핵심으로 언급하지 않는 것 같다. 배송 시스템이 엉망이었다. 정비사가 문제를 제대로 분석하고 고치지 않아 차가 여전히 엉망이었다, 병원에서 환자 ID가 뒤섞여 있는데 청구서 수금 기관이 이 사실을 알지 못했다. 만약 이러한 설문조사가 고객의 관심사를 포함하는 용어로 설계되었다면, 실제로 서비스를 개선하는 데 중요한 문제를 다루는 매우 다른 질문 세트로 구성될 수 있었을 것이다! 이러한 예를 제공하는 것은 이 책을 쓰는 직접적인 이유를 정당화하고자 함인데, 참여자의 아이디어, 경험, 목소리를 핵심 가치에 통합하는 일이자, 업무 수행 방식을 재구성하는 힘을 가지고 있기 때문이다.

비록 프로그램 개발 및 평가를 수행하기 위해 다양한 방법을 사용하고 있지만, 대부분은 조직의 관행과 미리 정해진 일련의 효과성 측정 기준을 달성하는 데 성공했는지 아닌지에 초점을 맞추고 있다. 이러한 결과는 시험 점수 상승, 학교 내 정학 감소, 식사 제공 횟수 증가, 병원 방문 횟수 감소 등과 같은 점수 측정 데이터에 반영된다. 표준 설계 및 평가를 실행하는 데 자주 드러나는 약점들은 핵심 가치에 관한 관심 부족과 방법론에 대한 통합성 부족과 연관된다. 예를 들어, 만약 기관에 주어진 과제가 노숙자를 없애는 것이라 할 때, 과연 쉼터에 침대를 제공하는 것이 이를 달성하기 위한 적절한 방법일까? '좋은 일'을 한다고 할 때, 과연 그것이 옳고 적절한 '좋은 일'일까? 쉼터에 침대를 제공하는 것은 중요한 부차적인 결과일 수 있지만 노숙자를 없애려는 조직의 핵심 가치를 제대로 다루지 않고 있기 때문이다.

프로그램 설계 및 평가의 지배적인 이론은 가치, 관행, 결과 간의 진실성과 그 필요에 항상 민감한 것은 아니다. 이는 대학, 컨설팅 회사, 재단 등 기존의 시스템 기반 성과와 연계되어 있기 때문이며 이를 지원하는 기존 조직에서 이러한 가치와 관행이 발생하기 때문이다. 또는 사람들이 이러한 핵심 가치를 중요하지 않다거나 측정할 수 없다고 생각하기 때문일 수도 있다. 때때로 사람들은 "변하는 공감과, 사람들이 느끼는 변화를 측정할 방법은 없다"라고 말하며, 그래서 측정하기 쉽고 시스템의 요구를 반영하는 다른 결과를 기본값으로 삼기 때문이다. 그러나 나중에 자세히 설명하겠지만 이러한 측정값은 가령 낮은 정학률, 쉼터 침대들, 혹은 재범률 감소와 같은 쉽게 계량화할 수 있는 2차 및 3차 결과를 말한다. 이러한 2차 및 3차 결과를 회복적 실천의 핵심 가치와 혼동하지 않는 것이 중요하다. 핵심 가치에 부합하는 잘 수행된 실천의 결과일 수는 있지만, 그 자체가 회복적 정의의 핵심 목표는 아니다. 이러한 결과는 회복적이지 않은 실천으로도 얼마든지 얻을 수 있다. 예를 들어, 행정 담당자가 학생을 더 이상 정학이나 퇴학시키지 않기로 결정했다고 가정해 보자. 이러한 결과는 새로운 규칙을 만들거나 "문지기gatekeeper"가 행동을 해석하는 방식을 변경함으로써 쉽게 달성할 수 있다. 우리가 이 결과를 좋다고 생각할 수는 있지만, 규칙 변경을 결과라고 부르지는 말자. 규칙 변경을 회복적 가치의 결과라고 부르지 말고, 결과가 증가했다고 해서 회복적 작업의 질이 높아졌다고 추측하지 말자.

"회복적"이라고 표시된 프로그램이라고 해서 자동으로 회복적 비전이 유지되는 것은 아니다. 즉, 회복적 프로그램이라 이름한다 해도 과정과 결과가 회복적이지 않을 수 있다. 예를 들어, 가해자에게 더 많은 보복을 가하기 위해 구금에 배상금을 추가하는 경우, 배상은 회복적 목적이 아니라 응보적 목적에 부합한다. 더 나아가 절차가 회복적인 방식으로 시행되지 않을 수도 있다. 마지막으로, 회복적 정의 시스템의 광범위한 수용을 추구하는 과정에서 자금 조달과 공리주의적 우려가 회복적 정의의 기본 원칙과 가치를 훼손할 수 있다.

실천 측정이 아닌 가치 측정

회복적 정의 실천가로서 우리가 직면한 분명한 도전은 우리가 하는 일이 효과가 있음을 입증해야 한다는 것이다. 그러기 위해서는 먼저 "효과가 있다"라는 것이 무엇을 의미하는지에 관해 깊이 있고 비판적으로 생각해야 한다. 앞서 설명한 것처럼 많은 사람이 회복적 정의를 그 가치보다는 실천의 관점에서 설명하는 것은 상당히 우려되는 부분이다. 우리가 사용하는 실천은 회복적 정의의 핵심인 가치를 표현하고 구현하기 위해 디자인되었으며 설계 및 평가 시 점검해야 한다. 르웰린Llewellyn과 하우스Howse는 다음과 같이 회복적 정의의 개념적 틀을 이루는 부분적으로나마 명확히 설명하였다.

> 만약 회복적 정의에 관한 평가 결과만 놓고 보면, 개선이나 관심이 필요한 것은 회복적 정의의 실천뿐인 것으로 보인다. 결과적으로 회복적 정의는 사법이나 정의를 실현하는 어떤 다른 방식이라기보다는 일련의 실천으로 발전하고 있다. 그렇다면 우리에게 필요한 회복적 정의의 근간이 되는 이론을 이해해야 프로그램과 실천을 평가할 수 있다.[10]

한 걸음 물러나서, 우리가 평가하고자 하는 몇 가지 실질적인 가치에 대해 생각해 보자. 만약 우리가 회복적 정의의 근본적인 가치

---

10) Llewellyn, Jennifer, and R. Howse. "Restorative Justice-a Conceptual Framework." Schulich Law Scholars. Accessed February 9, 2023. https://digitalcommons.schulichlaw.dal.ca/scholarlyworks/418/.

에 초점을 맞춘다면, 우리는 관계, 공동체 구축, 의사소통, 형평성, 정서, 그리고 긍정적인 사회적 태도와 행동을 향상하는 기술 등에 미치는 영향을 측정하기를 기대할 것이다. 행동과 행동의 수용에 영향을 미치는 근본적인 요인에 대한 인식인 "경청"의 경험, 개방적이고 의미 있는 의사소통, 그리고 차이와 구조적 불평등에 대한 인식 또한 평가할 수 있는 중요한 것이다. 성공에 대한 측정은 협업 과정, 소통 기술 향상, 자기 인식, 관계 개선 등을 강조할 수 있고, 더 강하고 긍정적인 공동체 의식, 개인적 가치관, 더 강한 공감, 행위 주체성에 대한 느낌의 창출을 강조할 수 있다. 이 점은 르웰린과 하우스도 동일하게 강조하고 있다.

> 이로부터 사법 절차는 존중, 정직, 친절, 상호 배려, 책임감, 신뢰와 같은 주요한 회복적 가치를 표현하는 경우에만 "회복적"인 것으로 여겨져야 한다. 회복적 정의의 가치는 건강하고 공평하며 정의로운 관계에 필수적인 요소이다.[11]

우리가 볼 수 있듯이, 이곳에서 설명한 가치들은 정학 횟수를 줄이거나 재범을 최소화하는 것들에 초점을 맞추고 있지 않다. 이는 유효한 결과이기는 하지만 그것이 곧 회복적 정의의 더 깊은 가치를 반영하는 것은 아니며, 회복적 정의로 여겨지는 모든 프로그램의 주요 성과로 볼 수도 없다.

---

11) Ibid.

회복적 정의의 핵심 가치[12]

- **평화로운 사회생활**: 평화는 단순히 드러난 갈등이 없다는 것 이상을 의미한다. 여기에는 조화와 만족, 안전과 안녕이라는 개념이 포함되어 있으며, 이는 공동체 자체와 구성원들이 평화롭게 지내는 것을 의미한다.
- **존중**: 모든 사람은 단지 사람이라는 이유만으로 배려, 인정, 돌봄, 및 관심을 받을 가치가 있는 존재로 대우받는다.
- **연대**: 연대는 어떤 그룹이나 공동체 구성원들 사이에 존재하는 동의, 지지, 연결됨의 느낌을 말한다.
- **적극적 책임**: 이는 소극적 책임과 대조되는 것으로 다른 사람에 대해 상호책임을 지는 것을 의미한다.

---

12) Paper by Daniel Van Ness, presented in a plenary session at "The Next Step: Developing Restorative Communities, Part2," the IIRP's 8th International Conference on Conferencing, Circles and other Restorative Practices, October 18-20, 2006. "다음 단계: 회복적 커뮤니티 개발하기"

변화의 이론과 목표설정

첸이 주장한 것처럼,

> … 표준 프로그램 평가는 그다지 이론 중심이 아니다. 평가자는 프로그램이 예상한 결과를 달성했는지 아닌지를 평가하는 경향이 있다. 다시 말해, 보통 그들은 프로그램 설계에 내재한 변화 이론에 관해서 묻거나, 이 이론이 일어난 일에 대한 유효한 설명이라서 결과가 달성된 것인지를 탐구하거나 하지는 않는다.[13]

프로그램 개발, 실행, 평가 간에 일관된 가치를 창출하기 위한 핵심은 평가할 수 있는 변화의 이론을 명확히 하고, 발의의 1차, 2차, 3차 목표를 명확히 하는 것이다.

평가 과정에서 우리는 변화의 이론을 파악하고 그 효과를 평가하고자 한다. 변화 이론은 특정한 회복적 가치를 실천에 통합하면 특정한 결과 또는 목표를 달성할 수 있을 것이라 제안한다. 변화 이론은 왜 우리의 방식이 원하는 목표를 달성할 수 있다고 생각하는가 하는 질문에 답한다. 이러한 목표를 설정함으로써 우리는 업무의 원동력이 되고 원하는 결과를 가져올 것이라고 믿는 것을 명확하게 표현한다. 변화 이론은 1차 목표, 2차 목표, 심지어 3차 목표까지 반영한다.

---

[13] Chen Huey. *Practical Program Evaluation: Theory-Driven Evaluation and the Integrated Evaluation Perspective*. (2nd ed.). Sage Publications, 2014.

1차 목표는 우리의 가장 깊은 가치를 가장 정확하게 표현하고 우리가 일하는 "이유"를 나타내는 목표이다. 이러한 목표가 회복적 정의의 비전에 부합한다면 앞서 논의한 사회 정의의 가치와 공감, 치유, 회복과 같이 우리가 자주 논의하는 다른 가치의 영역에 속하게 된다.

2차 목표는 1차 목표의 가령 학교 내 정학처분을 받는 학생 수를 줄이는 것 같이 효과적인 구현을 통해 얻고자 하는 결과를 말한다. 이러한 목표는 중요하지만, 그 자체가 RJ 업무의 핵심은 아니다. 1차 목표와 2차 목표 사이의 연결은 변화의 이론에서 드러나야만 한다.

3차 목표는 2차 목표만큼 중심적이지는 않지만, 2차 목표와 마찬가지로 1차 목표의 효과적인 실현에서 비롯된다. 3차 목표는 2차 목표만큼이나 중요하며 회복적 업무가 포함된 더 큰 시스템의 다른 부분에 영향을 미칠 수 있다. 여기에는 교사가 학교 내 정학을 받은 학생들을 모니터링하는 데 소요되는 시간 감소, 결석 일수 감소, 소년 범죄 사례로 법정에서 보내는 시간의 감소 등이 포함될 수 있다.

▌변화에 대한 예시 이론

주체성과 공감 능력이 강해지면 [1차 목표] 범죄가 줄어들고 [2차 목표] 법원 시스템을 이용하는 사람이 줄어든다 [3차 목표].

누군가의 공동체 소속감을 증가시키면1차 목표 학교 출석율도 높아지고2차 목표 중도 탈락하는 학생 수도 줄어들 것이다.3차 목표

사람들은 자신의 건강1차 목표이 가족 구성원이나 더 큰 지역사회에 영향을 끼친다는 사실을 깨달을 때2차 목표 건강을 더 잘 관리하며 응급실 방문 횟수를 줄인다3차 목표.

가치들이 회복적 정의의 핵심에 자리하고 있음에도 체포, 재범, 정학, 자퇴와 같은 외적 조치에 관한 평가에 초점을 맞춰온 이유는 무엇일까? 우리는 경험을 통해 다음 사항을 알게 되었다.

- 이러한 평가 항목들은 측정하기 쉽다. 성공을 평가하고 측정하고 보고하는 이러한 방법은 이미 문서화되어 기관 내에 존재하여 측정하기 쉽기 때문이다.
- 대규모 시스템의 의제가 연구의 목표를 주도한다. 예를 들어 경찰, 법원, 아동 복지, 학교와 같은 주요 시스템은 이러한 조치의 비율을 낮추는 능력에 따라 평가된다. 이러한 평가 항목들은 납세자의 세금을 절약해 준다.
- 평가와 프로그램 설계에 쓸 자원이 별로 없다. 여기에는 돈과 시간이라는 두 가지 자원, 즉 효과적인 참여자 행동 연구 또는 좋은 회복적 실천을 수행하는 데 필요한 자원이

포함된다.

대규모 시스템 안에서 회복적 실천을 적용해 본 많은 사람은 학교나 형사 사법 시스템과 같은 지원 기관의 목표가 회복적 실천의 목표와 상당히 다르다는 사실을 잘 알고 있다. 회복적 정의 운동 내에서도 바로 이러한 문제에 대한 우려가 커지고 있다.

회복적 정의의 핵심 가치를 중심에 두고 평가하는 동시에, 주요 결과로서 좀 더 구체적인 결과들도 인정할 수 있는 프로그램 설계 및 평가 방법을 찾는 것은 현장의 과제이다. 참여적 행동 연구는 회복적 정의 실무자들이 핵심 가치를 우선하고 결과와 효과를 재구성하는 방식으로 업무를 설계하고 평가하여 우리의 가치와 일치할 뿐만 아니라 더 큰 사회 정의 목표를 향해 나아가는 방식으로 영향력을 끼치고 문서화할 수 있도록 도와준다. 다음 장에서는 참여적 행동 연구에 관해 설명하고, 회복적 프로그램을 개발하고 평가하는 데 이 방법을 사용해야 한다고 생각하는 이유를 설명할 것이다. 이 책의 나머지 부분에서는 회복적 정의와 그 실천에 대해 진정으로 독특하고 가치 있는 것들을 측정하려는 우리의 노력을 뒷받침할 수 있는 참여적 행동 연구 프로젝트를 하나의 운동과 개별 프로그램으로서 어떻게 개발할 수 있는지에 대해 설명하고자 한다.

4장
PAR과 YPAR란 무엇인가?

● ● ● ●

참여적 행동 연구 혹은 PAR은 사람들이 자신의 인생 경험을 통해 갖게 된 깊은 지식과 이를 개선하는 방법에 대한 아이디어를 소중히 여기고 활용하는 연구 사례를 적용하기 위한 용어이다. PAR 과정을 통해 지식의 민주화, 포용과 소속감, 리더십의 확산 그리고 비전과 권력을 공유하는 메커니즘을 개발할 수 있다. 특별히 참여적 행동 연구는 회복적 실천의 핵심 가치를 지원하는 데 적합하며, PAR과 RJ 모두 구체적인 실천을 통해 의미 있는 관계를 발전시키고 심화하며 공감을 강화하고 모든 당사자의 목소리가 들리도록 경청하며 존중받는다는 느낌을 받아 변화를 만들어내는 데 노력을 집중하기 때문이다. 이러한 이유로 참여적 행동 연구는 형평성, 정의 및 앞서 논의한 회복적 가치를 증진하는 방식으로 회복적 정의 주도권Initiative의 효율성을 강화하는 데 유연하게 기여할 수 있다. PAR은 회복적 실천의 핵심 가치를 명확히 하고, 그러한 가치를 뒷받침하는 프로그램을 설계하며, 궁극적으로 여러분이 하는 일이 실제로 그러한 목표 달성에 부합하는지 아닌지 평가하게 한다.

이번 장에서는 PAR과 청소년 참여 행동 연구YPAR: 여기서 Y는 청소년을 의미하는 것으로 청소년을 위한 PAR을 말한다에 관해 소개하고, RJ 및 RP와의 일관성과 기존 연구 사례들과의 차이점을 살펴볼 것이다. 우리는 PAR이 사회 정의와 공평의 가치를 증진하는 사회 정의 운동이 되도록 회복적 정의의 노력을 뒷받침하는 강력한 원칙과 전략을 제공할 것이라고 믿고 있다.

PAR이란 무엇인가?

PAR은 가장 영향을 많이 받는 당사자를 프로그램 개발 및 평가 과정의 전면에 내세워 당사자가 자기 삶의 전문가임을 인정하게 한다. 따라서 다른 사람이 설계한 프로세스의 "주제"에 반응하기보다는 가장 영향력 있는 사람들로서 처음부터 어떤 질문을 하고, 어떤 방법을 사용하며, 어떤 분석을 결과에 적용할지 결정하는 데 관여시킨다. 참여Engagement는 "전문가"가 질문을 설계하고, 도구를 개발하고, 프로세스를 매핑하고, 원하는 결과를 명시한 후에 적용하는 사후 고려 사항이 아니다. PAR 프로젝트에서 참여자들은 변화 전략을 제안하기 위해 다른 이해관계자들과 협력하며 프로젝트를 설계하고 적용하고 그 결과를 분석한다. PAR에 참여하는 구성원들은 자신의 전문성을 인정받고 지식과 통찰력을 칭송받는다. 또한 작업에 대한 권한과 책임은 물론 가용 자원과 신용을 공유한다. 따라서 참여자들은 연구 질문과 방법을 공식화하는 것 외에도 보수를 받고 출판물에 이름을 올릴 수 있으며, 공적으로 말하고, 정책 토론에 참여하며, 조사 결과를 적용하도록 도우며, 학교 공부를 위한 경험, 경력, 혹은 작업한 그룹의 구성원으로 출판한 결과물을 성적credit으로 인정받게 된다. RJ와 마찬가지로, 참여적 행동연구는 결과뿐만 아니라 과정에도 가치와 의미 그리고 중요성을 부여한다.

PAR-RJ/RP 연계성

PAR은 형평성 보장, 억압적 시스템의 해체, 긍정적인 관계 지원과 같은 사회 정의의 목표를 포함하여 회복적 정의의 핵심 가치에 초점을 맞춘 기준틀을 제공한다. PAR은 그 자체로 해방적이고 변혁적인데, 이는 다른 지역사회보다 우리가 속한 지역사회의 일부 구성원에게 피해를 주고, 소외시키고, 무능력하게 만드는 인종 차별을 옹호하는 구조라든가 관련 시스템들을 무너뜨리고 재편할 수 있다는 뜻이다. 여기서는 PAR과 RJ/RP 프로그램으로 수렴되는 아홉 가지 핵심 사항을 강조하고자 한다.

1. 우리 없이는 우리에 관한 것은 없다.

이것이 바로 PAR의 특징이자 회복적 실천의 핵심이다. 회복적 실천이 피해를 입은 사람과 피해를 일으킨 사람의 목소리와 참여를 중심에 두는 것처럼, PAR은 사회나 공동체의 문제로 가장 크게 영향을 받거나 피해를 입은 사람의 목소리와 참여를 중심에 둔다.

영향을 받은 사람의 실제 경험에 신뢰성이 부여되면 전체 대화는 종종 "문제"로 여겨지는 사람들에게 권위와 선택권을 부여하는 방식으로 전환된다.

2. 다양한 리더십

PAR은 전통적으로 소외되거나 혹은 주류사회에서 무시되어 왔던 아이디어, 경험, 가치를 소유한 사람들을 리더십의 중심에 놓고 있다. PAR은 프로그램이 개발된 후에 유색인종이나 영향을 받은 청소년에게 프로세스를 도우라거나 공동 진행을 요청하지 않는다. 이는 처음부터 다양한 사람들이 리더십에 주도적으로 참여할 수 있도록 용기를 북돋우고, 장려하고, 여건을 제공한다는 의미다. PAR은 자신의 특권에는 다른 사람들과 동등하게 또는 전혀 공유되지 않는 사회적, 문화적, 미적, 언어적, 행동적 가치가 수반된다는 점을 인정함으로써 지배적인 문화에 도전한다. 백인이 말하는 객관성이라는 개념은 이러한 가치들이 기본적으로 선하고 진실한 것으로 설정되어 있기 때문에 백인 우월주의의 명백한 예라고 볼 수 있다.

3. 주변인 포용

PAR은 다양한 관점을 가진 참가자를 초대하고 소중히 여기고 초대함으로써 우리만 좋다고 떠들어대는 방송실에서 벗어날 수 있는 귀중한 전략을 제공해 준다. 이는 프로그램 설계 및 평가 과정에 새로운 아이디어와 통찰력과 경험을 가져다준다. 또한 미묘한 해결책을 마련하고 타협하도록 기꺼움과 진심 어린 경청을 적극적으로 격려한다. 만약 우리가 업무를 다양화함으로써 우리가 사는 공동체를 변화시키는 일에 진지하다면, PAR은 다양한 삶의 경험, 삶의 방식, 아이디어, 결과를 환영하며 포용하는 실천 방식에 헌신하도록 요청한다.

4. 경청하는 인내심

의미 있는, 교차적 정체성/공동체의 관계와 변화를 이루는 데 필요한 신뢰를 개발하고 유지하는 과정은 시간이 걸리며 놀라움과 복잡성으로 가득 차 있다. PAR은 진정으로 경청하고, 배우고, 변화하는 데 필요한 시간과 공간을 제공하며, 그 과정은 빠르거나 단선적이지 않다. 식민주의자들의 시간 개념은 효율성과 생산성이라는 가치에 기반하며, 목표 지향적이고 거래적이며 단선적이다. 이러한 특성이 반드시 나쁜 것은 아니다. 그렇지만 수백 년 또는 수천 년에 걸친 압제의 무게나 누군가를 해친 한 청소년의 16년이라는 시간을 해결하기 위한 노력에 적용한다면 이는 적절한 접근 방식이 될 수 없다. 사실, 이것은 우리가 "해결"하고 넘어갈 수 있는 "문제"가 있다는 생각만 강화하는 접근 방식일 뿐이다.

5. 연대

PAR은 그룹 간의 일치라는 감각을 불러일으키는 공동의 관심사, 공동의 목적, 표준, 그리고 공감대를 공유한다는 점에서는 연대의 한 형태이다. "연대"는 사람들을 하나로 묶어주는 사회적 유대를 의미한다. 우리가 회복적 실천을 통해 해결하고자 하는 많은 이슈는 역사적 뿌리가 깊고 특권을 가진 사람들에게는 잘 보이지 않는다. 이러한 문제들은 회복적 정의 실천가, 리더, 진행자로서 우리가 파악하고 인정하며 논의하고 변화시킬 준비를 해야 하는 문화적, 사회적 주제들이다. 또한 소규모 조직이 이러한 문제를 해결하는 것은 비현실적이다. 이것이 바로 연대의 개념을 강력하게 작동시켜야 할 이유다. 비록 조직적인 억압의 문제를 해결할 수는 없다 할지라도, 우리에게 연대란 우리가 얼마든지 문제가 무엇인지 파악할 수 있으며, 의미 있는 형태의 연결과 동맹을 끌어낼 비판적 의식을 세워나갈 수 있다는 것을 뜻한다.

6. 사람에 대한 신뢰

PAR에 참여하는 참가자들은 리더십을 공유한다. 그렇게 해야 다양한 형태의 리더십이 생겨나고 스스로 가치 있는 존재로 인식하기 때문이다. 새로운 리더가 공동체의 다양한 부분을 대표한다는 사실은 회복적 실천에 대한 지지와 수용을 증가시킬 것이다. 다른 공동체 구성원들은 자신과 닮은 외모, 자신과 같은 말투, 자신과 같은 지역사회 출신의 리더를 보게 될 것인데, 이들은 다른 리더가 할 수 없는 방식으로 현실을 점검하고 신뢰성을 제공해줄 수 있기 때문이다.

회복적 정의 공동체 안에 있는 리더를 포함해서, 리더는 자기보다 노련하지 않은 사람에게 자신의 리더십을 공유하거나 넘겨주는 것을 신뢰하지 않는다. 이러한 우려는 때로는 기술에 대한 합리적 평가이지만, 또 때로는 권력과 통제력을 잃는 두려움이거나 다른 의사소통 및 진행 방식에 대한 오해로 인한 두려움이기도 하다.

7. 프로세스에 대한 신뢰

PAR과 RJ는 모두 인내심과 광범위한 프로세스를 신뢰한다. 참가자들이 학습하고, 치유하고, 소통하고, 자신들의 관점을 조정하는 동안 관계는 발전하고 강화되며, 지식이 발견되고 공유되며, 공감이 형성되어 불신을 극복하며, 해결책이 제안되고, 행동을 취한다. 이러한 작업 방식은 오늘날 프로그램 설계와 평가에 자주 사용되는 계산과 효율성을 추구하는 문화보다 회복적 정의에 영향을 준 선주민 문화의 가치에 더 부합한다.

8. 참여자로서의 기관

학교, 경찰, 법원, 병원, 비영리단체 혹은 예배 장소 등과 같은 제도는 틀림없이 회복적 혹은 PAR 프로세스의 중요한 부분으로 자리한다. 이들이 포함된다는 것은 기관의 관행이 이미 존재하는 피해를 이해하고 변화시키는 데 중요한 부분이라는 사실을 인정하는 것이다. 기관을 대표하는 사람이 없다면, 피해를 유발하고 지속시킬 수 있는 정책과 제도적 장벽에 대해 정직하게 논의할 기회를 갖지 못한다. 종종 치유나 변화를 가로막는 장벽은 피해를 유발하는 행동과 불안이나 공포를 유발하는 분위기와 마찬가지로 기관의 정책 안에도 있다. 바바라 셔로드Babara Sherrod는 『회복적 정의의 색채화』에서 이를 잘 설명하였다.

> 나는 권력자들이 회복적 실천을 옹호하면서 제도적 차원에서 발생한 피해를 먼저 인정하고, 기관이 스스로 책임을 져야 하며, 앞으로 나아가기 전에 회복이 이루어져야 한다는 회복적 아이디어를 무시하는 것을 목격해왔다.[14]

이러한 모습은 우리가 핵심 가치에 충실하기 위해 이 분야가 직면한 중요과제 중 하나이며, 제도적 소홀로 많은 회복적 실천을 약화하는 문제점이기도 하다.

9. 핵심 가치에 충실하기

회복적 정의와 PAR은 모두 관계, 지역사회, 제도를 재구성할 수 있는 잠재력을 지닌 혁신적 실천이다. 만약 우리의 진정한 목표가 공감 능력과 책임감을 강화하고 관계를 구축하며 피해를 복구하는 것이라면, 우리는 이미 연대를 강화하고 리더십을 다양화하며 전략을 개발하고 역사적으로 억압적인 구조를 변화시킬 수 있는 기

---

14) Valandra, Edward Charles, and Wanbli Waphaha Hoksila. *Colorizing Restorative Justice: Voicing Our Realities*. St. Paul, MN: Living Justice Press, 2020. p55.

본 요소를 갖추고 있다.

다음 표에는 이러한 관행과 연계된 몇 가지 추가적인 방법이 묘사되어 있다. 이 표는 PAR이 어떻게 RJ를 지원할 수 있는지, 우리가 달성하고자 하는 핵심 가치를 강화하는 데 어떻게 도움이 되는지 보여준다.

회복적 정의(RJ)	참여적 행동연구(PAR)
피해로 가장 큰 영향을 받는 사람들에게 초점을 맞추고, 함께 상호책임과 치유를 촉진하기 위한 최상의 결과를 개발한다.	사람들이 동료들에게서 데이터를 수집하고, 분석하고, 정보에 입각한 조처를 취해서 문제에 대한 해결책을 결정하는 공동체 주도 프로세스이다.
내러티브에 기반한	
개인의 이야기를 들려주는 것이 기본인데 이는 회복적 실천이 개인적인 경험, 감정, 의도에 따라 달라지므로 이야기를 통해 가장 잘 공유되기 때문이다.	개인과 공동체의 이야기들이 기본이다. 참여적 행동 연구는 외부 사람이나 연구자들이 원하는 이야기가 아닌, "**당신**이 말하고 싶어 하는 이야기가 무엇인가?" 질문한다.
어떤 사람의 이야기를 공유하는 것은 강점과 약점, 성공과 실패에 관해 이야기하도록 허락한다는 뜻이다. 이야기는 복잡하고 놓치기 쉬운 미묘한 의미를 전달한다.	어떤 사람의 이야기를 공유하는 것은 강점과 약점, 성공과 실패에 관해 이야기하도록 허락한다는 뜻이다. 이야기는 복잡하고 놓치기 쉬운 미묘한 의미를 전달한다.

대화에 기반한	
회복적 정의 실천은 규칙이 아닌 대화에 기반한다. 그들은 솔직한 대화와 나눔을 통해 인간이 연민을 키우고 변화를 일으킬 수 있다는 생각에 의존한다.	가장 영향을 많이 받는 참여자들의 경험과 아이디어를 활용함으로써 그들의 삶과 아이디어가 의미 있고 존중받는다고 느낄 수 있다는 생각에 기반한다.
지식과 변화의 민주화	
피해로 가장 큰 영향을 받는 사람들이 회복의 과정과 결과를 결정한다. 이는 미리 정해진 상태나 규정이 아니다.	풀뿌리에서 지식을 쌓고 가장 큰 영향을 받은 사람들의 요구에 부합하는 변화를 구축하기 위해 연대하는 사람과 지식을 공유한다. 이 과정은 하향식으로 이루어지지 않는다.
모든 참가자는 피해에 영향을 받았을 뿐 아니라, 회복되어야 한다. 모든 사람이 프로세스를 변화시키고 떠난다.	지식은 상호작용하며 참여자들과 연대한 사람들의 지식이 모두 존중받는다. 이들은 공동체의 현실에 기반한 변화를 만들기 위해 함께 노력한다.

▍PAR에 대한 비판

물론 PAR이 RJ 프로그램을 설계하고 평가하는 데 유효한 접근 방식이라는 것에 모두가 동의하는 것은 아니다. PAR이 긴 시간이 걸리고 이상적이며 편향적이라고까지 여기기도 한다. 그러나 우리는 모든 설계와 평가가 이미 편향되어 있으며, RJ가 인간관계와 개인의 주체성을 강화하고 긍정적인 변화를 창출하는 공동체 구축 및 회복에 대한 접근 방식이라는 점을 입증하기를 희망한다. PAR을 사용하면 현장의 진로를 수정하고 우리의 역사와 원하는 결과에 맞는 프로그램을 구축하는 데 도움이 될 것이라고 굳게 믿고 있다.

객관성에 관한 질문

일부 사람들, 특히 다른 연구자들과 정책 입안자들은 PAR에는 "객관성"이 부족하다고 비판하며, 가장 큰 영향을 받는 사람들을 중심에 두는 것은 여우에게 닭장을 감독하라며 떠나는 것과 비슷하다고 주장한다. 특히 회복적 정의도 비슷한 비판에 직면해 있기 때문에 이러한 비판을 더 깊이 살펴보는 것이 합리적이다. 해를 끼친 사람이 책임을 지는 데 진정성을 갖고 있으며, "쉽게 빠져나가려고" 회복적 과정에 참여하는 것이 아니라는 것을 어떻게 신뢰할 수 있을까? 새로운 프로그램 구성 요소에 관한 참가자의 아이디어가 자기중심적인 욕망의 결과가 아니라고 어떻게 믿을 수 있을까?

PAR은 한 가지 수준에서 우리가 "객관적"이라고 받아들이는 지식의 출처와 정당성에 의문을 제기한다. 빅 데이터와 과학적 정당성으로 정의되는 시대에 살면서, 데이터의 본질에 의문을 제기하는 것은 이단처럼 보일 수 있다. 우리는 경제 동향을 살피거나 백신의 효과를 확인할 때 데이터 수집과 그 필요성을 의심하지 않는다. 팬데믹 기간, 코로나19 감염자 수를 세는 것은 분명 그 경로를 추적하기 위해 중요한 일이었다. 그러나 인간의 행동, 감정, 제도적,

사회적 소외와 억압의 영향이라는 영역에서 객관성이 무엇을 의미하는지에 대해 생각해 보는 것은 매우 중요하다. 그리고 2장에서 이야기한 것처럼, 정의와 피해에 대한 전통적인 이해는 우리가 어떤 사람이든 상관없이 객관적일 수 있다는 능력에 의문을 제기한다.

객관성의 문제는 문지기의 규칙 변경이 이미 성공을 거둔 결과로 받아들여지고 정의된 무엇에 의해 이미 영향을 받은 것으로 볼 수 있다. 예를 들어, 누군가가 청소년 보호관찰 프로그램이 잘 운영되고 있다는 것을 보여주고자 한다면, 이때 일하는 청소년의 수를 늘리기 위해 지침을 변경하여 더 많은 청소년이 법정에 나오지 않도록 할 수 있다. 이때 좋아졌다는 것은 청소년의 결과가 더 좋아졌다는 의미인가, 아니면 규칙이 변경되었다는 의미인가? 이는 객관적인 결과가 아닌 새로운 지표 세트가 반영되었을 뿐이다.

PAR은 현대 물리학, 철학, 사회학의 핵심 사상인 "관찰자"가 관찰 행위에 영향을 미친다는 양자론적 전제를 인정한다. 아인슈타인부터 푸코, 프레이리에 이르기까지, 이 개념은 우리 의식에 막대한 영향을 미쳤다.

> PAR은 관찰자가 관찰하는 현상에 영향을 미치고 연구에 영향력을 행사할 일련의 가치에 관한 질문을 가져온다고 가정한다.… 한편, PAR은 인간이 대상을 경험하는 의식적 존재와 분리하여 대상을 설명할 수 없다고 주장하면서 경험의 폭과 중요

성을 확장한 현상학자들의 연구를 기본으로 둔다. 대상으로부터 분리된 경험을 설명할 수 없기 때문이다. 경험은 외부의 객관적인 세계와 분리된 주관적 현실의 영역에서 나오는 것이 아니다. 오히려 경험을 통해 인간은 자신의 세계와 소통하고 주체와 객체를 통합할 수 있다.[15]

이러한 관점에서 PAR은 완전히 객관적이기란 불가능하다는 사실을 받아들인다.

PAR의 평가 접근 방식은 조사 대상 현상에 가장 큰 영향을 받는 사람들의 목소리와 관점을 중심에 둔다는 점에서 "일반적인" 평가 프로세스와는 근본적으로 다르다. 다음 표는 이처럼 매우 다른 개념의 설계 및 평가의 몇 가지 주요 차이점을 요약한 것이다.

전통적 평가	PAR 평가
외부의 개인 혹은 기관에 의한 평가	개선과 변화가 필요한 문제를 직접 경험한 다양한 이해관계자로 구성된 팀에 의한 평가
평가 대상자는 평가 기준틀 개발에 관여하지 않는다.	가장 큰 영향을 받은 사람들이 초기부터 평가 질문을 만드는 것과 방법론을 설정하고, 전략을 적용하고, "데이터"를 분석하고 결론을 도출하는 일에 관여한다.

---

[15] Baum, Fran, Colin MacDougall, and Danielle Smith (October 2006). "Participatory Action Research." *Journal of Epidemiology & Community Health* 60(10): 854–857.

외부 설계 및 평가 전문가는 스스로를 "객관적"이라고 생각한다.	객관성은 합의의 산물이다. 다양한 이해관계자가 평가의 모든 단계에 서로 다른 관점을 제시한다. 생생한 경험을 가진 사람들이 필요한 변화에 대해 더 현명하고 실행할 수 있는 통찰력을 가지고 있다고 믿는다.
외부의 설계와 평가는 사람들이 실제로 어떻게 생활하고 변화를 만들어내는지에 대한 관심이 부족해서 미온적인 수용을 초래하는 경우가 많다.	프로세스와 해결책을 설계하는 사람들은 생생한 경험과 다른 참여자들의 신뢰를 받고 있기 때문에 더 깊은 이해와 영향력을 발휘할 수 있다.
기부자, 국가 기관, 정치 단체 등 외부인이 프로그램 리더십과 함께 주요 평가 질문과 방법을 결정한다.	가장 큰 영향을 받는 사람들이 주요 평가 질문, 방법 및 분석을 결정한다. PAR 팀은 1차, 2차, 3차 목표와 대상, 결과를 공유하는 가장 좋은 방법을 결정한다.
최종 결과물은 보고서 또는 기사이며, 여기에는 개선을 위한 실질적인 단계가 포함되거나 포함되지 않을 수 있다. 2차 및 3차 결과에 초점을 맞추는 경향이 있다.	최종 결과물은 여러 계층의 이해관계자가 참여하는 협업 실행 계획서로 정리된다. 주요 결과/근본 원인뿐만 아니라 2차 및 3차 결과가 중심이 되는 경향이 있다.
정량적 측정이 중요하다. 정성적 데이터의 수집 여부와 방법, 분석 방법에 관한 결정은 학계에 중점을 둔 평가 담당자의 몫이다.	정량적, 정성적 데이터 모두 중요하게 평가되고 사용된다. 영향을 받는 개인으로 구성된 연구팀이 핵심 질문은 무엇인지와 데이터를 수집하고 분석하며 이해하는 방법을 결정한다.
자금 지원 및 정책 또는 커뮤니티 리더와의 연결과 같은 자원은 평가 전문가가 보유한다.	자원과 공동체 계약은 공유된다.

전문가는 자신의 작업에 대한 공표와 신용을 기대한다. 일반적으로 그들은 작업이 끝나면 떠난다.	참가자는 신용을 공유하며 조직 및/또는 공동체의 지속적인 일원으로 남는다.
결론은 이론적이며 프로그램 혹은 참가자들의 실질적인 필요가 언급될 수도 그렇지 않을 수도 있다.	결론은 실행할 수 있으며, 참여자들은 주인의식을 느끼기 때문에 결과가 더욱 지속 가능하다.
리더십과 전문성은 전문 평가자에게 남겨진다.	기술과 리더십이 공유되고, 다양한 참가자가 새로운 기술을 배우며, 프로세스와 조직을 통해 리더십이 분배된다.
평가 프로세스는 어떤 일이 일어나고 있는지는 알려주지만 왜 그런 일이 일어나는지는 알려주지 않는다.	프로세스는 어떤 일이 발생하는 이유와 그에 대해 어떻게 해야 하는지 알려준다.

이 표를 통해 전통적인 연구를 하는 사람들이 PAR에 대해 어떻게 비판적일 수 있는지 쉽게 알 수 있다. 또한 이 표를 통해 PAR의 가치와 방법이 회복적 정의의 실천 및 가치와 유사하고 이를 지지하는 방식이 드러났으면 하는 것이 우리의 바람이다.

▌ 청소년 참여적 행동 연구 YPAR

YPAR은 청소년과 함께하는 참여적 행동 연구의 실행안이다. 이는 성인이 청소년을 바라보는 방식, 청소년이 성인을 바라보는 방식, 학교와 기타 시스템이 청소년을 바라보는 방식, 청소년이 자신과 서로를 바라보는 방식을 바꿀 수 있는 흥미롭고, 힘을 실어주며, 관계를 구축하는 일련의 실천안이다. 이는 학습, 리더십 개발, 주체 의식을 통합하는 해방적 교육의 실천안이다. 학교, 교실, 기타 청소년을 지원하는 조직 및 시스템을 중심으로 이 작업을 위한 시간, 공간, 자원을 제공할 수 있는 기관을 중심으로 실현해 나갈 수 있다.

 우리 교육 시스템은 많은 도전, 특히 교육 경험과 결과의 형평성 및 격차와 관련한 많은 도전에 직면해 있다. 이러한 문제는 시험 점수부터 미술이나 음악과 같은 "과외" 활동의 포기, 무관용 정책, 높은 수준의 시험, 학교와 교도소 사이에 연결된 파이프라인에 이르기까지 모든 분야에서 나타나고 있다. 비록 '한 아이도 낙오시키지 않기|No Child Left Behind' 같은 프로그램으로 수집된 데이터를 통해 누가 실패하는지 더 많이 알게 되었음에도, 아직도 이를 해결할 방법은 찾지 못한 것 같다. 이제는 권력 관계를 변화시키고, 청소년의 열정과 경험을 드러내며, 의미 있는 변화 노력에 청소년을 참여시키는 동시에 지식, 리더십, 책임을 창출하는 방식으로 청소년의 경험에 참여해야 할 때다. YPAR은 회복적 실천의 관계적 가치를 비판적 사고와 문제해결이라는 학습 목표와 통합하여 다룬다.

 앞서 언급한 바와 같이, YPAR과 회복적 실천을 포함한 PAR 프로세스 모두 결과뿐만 아니라 과정에도 가치와 의미, 중요성이 있음을 보여주고 있다. 청소년 참여자들은 비판적 사고, 연구 설계, 분석 및 문제 해결, 공감, 깊은 경청, 명확한 의사소통, 협상 및 타협, 인내, 책임감 등의 기술을 배우고 연습하면서 PAR 프로세스

안에 드러난 결과를 지키기 위해 노력한다. YPAR 프로젝트의 경우 복장 규정, 성취도 격차, 형평성, 학업 내용 등 학교와 관련된 문제를 다룰 수 있다. 회복적 실천이라는 특정 맥락에서 YPAR은 학생의 소외 경험, 행동 문제, 괴롭힘 또는 정학 문제 등의 탐구가 가능하다. YPAR과 RJ에서 다루어야 할 근본적인 문제는 자주 겹친다. 예를 들어, 자기 말을 듣지 못하거나 신뢰받지 못한다는 느낌, 자신이 통제할 수 없는 일에 대해 비난을 받는 것 등을 들 수 있다. 이 두 가지 실행 프로그램은 비슷한 가치관에 비슷한 관행을 사용하며, 깊이 연계된 결과를 달성하고자 하므로 좋은 짝이 될 수 있을 것이다. 이 "작업"이 완료되면, 참가자들은 현재의 문제를 해결하고 앞으로 발생할 다른 문제를 해결하기 위해 나아갈 수 있는 관계, 기술, 통찰력을 개발하게 된다. 문제에 가장 큰 영향을 받는 사람들을 중심에 세움으로써 YPAR과 청소년 중심의 회복적 업무는 모두 혁신적인 변화를 가져올 힘을 갖게 된다.

아이들에게 물어보자

학교와 기타 청소년 지원 기관이 더 나은 배움의 장이 되고 더 공평하고 공정한 결과를 끌어낼 수 있도록 노력하는 과정에서 우리는 다음과 같은 질문을 던질 수 있다.

- 당신의 학교에서 학생이 된다는 것이 어떤 의미인지 누가 아는가?

- 포용과 배움의 장벽이 무엇인지 누가 이해할 수 있는가?
- 학습 환경과 학교 문화가 행동과 태도에 미치는 영향을 가장 잘 설명할 수 있는 사람은 누구인가?
- 학습과 행동에 영향을 미치는 사회적/시스템적 압력을 가장 잘 표현할 수 있는 사람은 누구인가?
- 학교의 기능을 개선하는 방법에 관한 소중한 아이디어를 가진 사람은 누구인가?

만약 학생들 스스로가 이러한 질문에 대한 답을 알고 있다고 동의한다면, 우리는 YPAR의 가치를 이해하는 첫걸음을 내디딘 셈이다. 명백한 것은 청소년만이 학교 공동체의 유일한 참여자는 아니며 다른 이해관계자 그룹인 교직원, 교사, 관리자, 보호자 역시 중요한 기여를 한다는 사실이다. 대부분, 학교 정책이나 변화 주도권 Initiative에 학생, 학생의 아이디어, 학생의 목소리가 의미 있게 포함되어 있지 않다. 학생들이 이러한 질문을 개발하고 답하는 데 중요한 역할을 한다면 얼마나 달라질 수 있을지 상상해 보라.

RJ와 YPAR은 모두 주변부에 있는 학생, 환영받지 못하는 학생, 실패한 학생, 행동 기준을 따르지 않는 학생 등 가장 크게 영향을 받는 사람들을 긍정적인 변화를 불러오는 과정에 참여시키려고 노력한다. 학생들의 행복을 제한하는 학교의 조건에 대한 YPAR 기반의 비판적 조사에 학생들을 참여시키면, 회복적 실천이 공동체를 구축하고 강화하는 데 어떻게 사용될 수 있는지 상상하는 것에 도움이 될 것이다. RJ는 관계 구축 실행안을 통해 이를 수행하는 반면, YPAR은 일련의 해방 기반 지식을 창출하는 방법을 통해 이를 수행한다. 이 두 가지 방법을 함께 사용하면 개인과 공동체의 학습, 소속감, 치유, 변화를 개선하는 행동을 끌어낼 수 있다.

▎YPAR과 비판적 교육학

진화 생물학 분야에는 공통 조상이라는 개념이 있다. 이 개념은 "여러 종이 하나의 조상 집단에서 파생되었음"을 뜻한다. 우리의 경우, 회복적 정의와 참여적 행동 연구에 영향을 끼친 공통 조상은 비판적 교육학을 주창한 브라질의 교육자이자 철학자인 파울로 프레이리Paulo Freire다. 그는 일반적으로 비판적 교육학 운동의 기초 텍스트 중 하나로 여겨지는 그의 저서 『페다고지 – 억압받는 자의 교육학』으로 가장 잘 알려져 있다. 그의 저작은 RJ나 PAR을 구체적으로 명시하지는 않았지만, 그의 아이디어는 두 가지 모두에 크게 영향을 끼쳤다.[16]

비판적 교육학은 학습자가 시스템 내의 권력 구조와 불평등의 패턴을 살펴볼 수 있도록 교육해야 한다는 신념을 말한다. 비판적 교육학은 학생/개인 중심적이고 대화적이며 민주적이기 때문

---

16) 1930년대 나치 독일에서 유대인 난민으로 미국으로 건너와 사회, 조직, 응용 심리학 분야를 발전시킨 커트 르윈과 보더랜드 이론의 개념을 정립한 글로리아 안잘두아는 두 명의 추가 설립자이다. 이 짧은 책에서 그들의 공헌을 다 소개할 수는 없지만, 그들의 삶과 사상을 더 깊이 탐구해 볼 것을 제안한다.

에 사회적 지위와 관계없이 모든 사람이 중요한 통찰력과 경험을 공유하게 한다. 프레이리는 교사가 아무것도 없는 "텅 빈empty" 학생에게 학습을 "예금deposit"하는 식으로 교육학을 "은행 모델banking model"과 대조하여 설명한다. 비판적 교육학에서는 관계에 기반한 학습과 행동의 출발점으로서 개인의 내러티브를 중심에 두는 환경에서 최고의 배움이 일어날 수 있다고 이해한다.

인종, 젠더, 형평성, 정의에 초점을 맞춘 회복적 실천과 당사자 행동 연구를 결합하는 데 도움을 준 사상가 중 한 명이 벨 훅스bell hooks이다.[17] 그녀의 연구에서 우리는 학생들이 학습과 자기 결정의 작업에 적극적으로 참여하고 기여하는 "자유의 실천"에 기반한 해방 기반 교육 시스템에 대한 큰 외침을 듣는다. 훅스는 "교사와 학생 모두 함께 배울 수 있는 방식으로 교실을 지배의 공간으로 사용하는 힘을 누구도 갖지 못하게" 해야 한다는 점을 강조한다. 그녀는 또한 이러한 지배의 경험이 교사와 학생의 관계에만 국한된 것이 아니라 인종, 성별, 성적 지향 등의 문제로 학생들 사이에 분열이 있는 곳에서도 발견된다고 주장한다. 교실과 학교 내에서 진정한 학습 환경을 조성하기 위해 그녀는 위계를 평평하게 하고 공동체 의식을 조성하는 것을 목표로 한다. 훅스는 교실이 생명을 살리고 마음을 확장하는 곳, 교사와 학생이 파트너십을 맺는 자유로

---

[17] Florence, Namulundah (1998). *bell hooks' Engaged Pedagogy: A Transgressive Education for Critical Consciousness*. Westport, CT: Praeger.

운 상호성의 장소가 되어야 한다고 주장한다.[18]

YPAR에는 다른 형태의 학업 및 경력 개발에 도움이 되는 학습 관행과도 연관이 있다. 학생들은 조사 결과 코딩, 설문조사 설계 및 분석, 인터뷰 수행, 주요 결과 평가, 문제 식별, 이해, 질문 및 문제 해결 등 조사 방법을 배우면서 다른 전통적인 형태의 교육과 업무를 지원할 수 있는 매우 가치 있는 기술을 연습하게 된다.

---

[18] Specia, Akello[#]and Ahmed A. Osman(2016). "Education as a Practice of Freedom: Reflections on bell hooks," *Journal of Education and Practice* 6(17): 195-9. "자유의 실천으로서의 교육: 벨 훅스에 대한 성찰"

YPAR 사례 연구

이 YPAR 프로젝트는 버몬트주 벌링턴의 한 중학교에서 다양한 학생층을 대상으로 하여 실시한 것이다. 이 프로젝트의 원동력은 2017년 학군 전체에 대한 형평성 평가에서 전 세계 다수의 학생, 즉 신경발달장애 학생, 무료 또는 할인 급식을 받는 학생들이 체벌을 경험하는 데 있어 극명한 격차를 보인 것을 연구하며 시작되었다. 이러한 결과에 대해 우려를 표한 지역의 학군 지도자들은 학교 내 회복적 실천의 과정과 결과를 더 잘 이해하기 위해 연구 개발 중인 버몬트 대학교 교육 연구자들과 협력하였다. 협약에 명시된 조건 중 하나는 학교 내 규율 격차 해소와 관련된 향후 정책 결정에 YPAR을 활용하여 학생들의 목소리를 증폭하고 중심을 잡을 수 있도록 조처한다는 것이었다. YPAR 프로젝트는 2018년 가을, 대학 연구진이 박사 과정 조교E. Quin Gonell, 이 책의 저자에게 6학년 인문학 교사와 협력하여 현재 진행 중인 사회과 교육과정과 연계하여 가르칠 YPAR 커리큘럼 단원을 개발할 것을 지시하면서 시작되었다.

다음 장에서 살펴보겠지만, PAR 프로세스의 첫 단계에서는 참가자들이 팀 역학을 강화하기 위해 노력하도록 격려한다. 즉, 격차를 유발하는 제도적 형태의 억압에 관한 토론에 참여하여 충분한 정보를 바탕으로 연구 질문을 구성하기 전에, 중학생 참가자와 성인 파트너 간의 신뢰를 높이기 위해 팀빌딩 활동을 해야 했다. 이렇게 해서 첫 번째 수업에 마시멜로 탑 쌓기, 보물찾기 등과 같은 아이스브레이커icebreaker 및 팀빌딩 활동을 포함했다. 이 단계에서 "이 학교에 소속감을 느끼게 하는 것은 무엇인가?", "내가 이 학교에서 더 환영받는다고 느끼게 하는 것은 무엇인가?" 등 학교 형평성과 관련이 있는 자신의 경험을 돌아보도록 유도하는 간단한 질문을 팀원들에게 제시했다. 이러한 질문에 대한 학생들의 반응을 논의하면서 팀은 학교의 나머지 학생들이 이러한 질문에 어떻게 반응할지에 대한 추가 지식을 찾아보았다. 이를 통해 우리는 어떤 질문, 도구, 접근 방식을 사용해야 할지 고민하기 시작했다.

다음 단계에서는 규율 불평등을 보여주는 학군 관련 데이터를 살펴보기 시작했다. PAR 프로세스의 이 부분에 대한 자세한 내용은 다음 장의 3단계를 참조하라. 프로젝트를 위해, 사회 정의, 억압의 역사적 유산, 그리고 이러한 장벽을 조사하고 해소하기 위한 방법 개발에 핵심 가치와 연구 전략을 어떻게 활용할 수 있는지 배우는 데 시간을 할애해야 할 필요성이 있다는 것을 우리는 한 팀으로서 함께 결정했다. 이 프로젝트는 비판적 사고를 개발하는 데 중점을 두었으며, 억압의 매트릭스Matrix of Oppression,[19]) 온 더 플레이

---

19) Adams, M., L.A. Bell, and P. Griffin(eds.) (2016). *Teaching for Diversity and Social Justice* (3rd ed.). New York: Routledge.

트On the Plate: 특권에 관한 이야기,20) 불평등한 기회 경쟁Unequal Opportunity Race,21) 자리에 앉으세요Take a Seat22)와 같은 도구를 사용하였다. 이러한 활동은 정체성 특권에 대한 인식을 높이고 특정 사회적 정체성이 다른 그룹의 사람들에게 어떤 기회를 주거나 주지 않는지를 결정하는 데 어떻게 도움이 되는지에 중점을 두었다.

이러한 수업과 활동을 통해 팀원들은 형평성 중심의 관점에서 분야별 격차에 관한 데이터를 분석하는 데 필수적인 기본 인식을 갖추게 되었다. 데이터 분석 과정에서 팀이 관찰한 우려 사항을 고려할 때, 학생들은 형평성 문제에 대해 더 깊이 파고들기 위해서는 학교 전체의 또래 친구들에게 물어보고 그들이 겪고 있는 문제에 관해 자세히 알아봐야 한다는 확신을 갖게 되었다. 우리는 학교 전체 학생들에게 데이터를 수집하기 위해 간단한 예비 설문조사를 설계했다. 설문조사 설계를 위한 데이터를 수집하고 분석한 후, 팀은 작업 그룹으로 나누어 학교 내에서 발생하는 다양한 형평성 문제를 해결하는 데 초점을 맞추어 작업을 진행했다. 그런 다음 YPAR 주도권Initiative의 남은 과제를 안내할 핵심 연구 질문 즉 **우리 학교는 모든 학생이 환영받고 안전하다고 느끼는 곳인가?** 라는 질문에

---

20) Lu, W. (February 13, 2017). "This Comic Explains How Privilege Works." Bustle. bustle.com/p/on-a-plate-comic-by-toby-morris-explains-exactly-how-privilege-works.
21) Crenshaw, K., and L. Harris (2010). "Unequal Opportunity Race." African American Policy Forum. https://www.youtube.com/watch?v=EMS_fF0p-FzQ.
22) Boyes-Watson, C., and K. Prans (2015), *Circle Forward: Building a Restorative School Community*. St. Pual, MN: Living Justice Press.

합의했다. 이 질문이 공식화되었으므로, 이제 데이터 수집 도구를 설계할 준비가 되어 데이터를 수집하기 시작했다. 이러한 단계들은 다음 장에서 4단계와 5단계로 나누어 설명할 것이다.

데이터 수집 설계 단계에 들어가면서 예비 설문조사와 연구 질문은 공유 가설 초안을 작성하는 데 기본으로 삼았다. 우리 학교는 모든 학생이 환영받고 소속감을 느끼도록 돕는 노력에 충분히 집중하지 못하고 있다. 각 작업 그룹은 설문 항목의 초안을 작성하는 데 도움이 될 테스트 가능한 예측을 작성하여 가설을 특정 주제에 맞게 조정했다. 예를 들어, 인종 차별을 연구하는 학생들은 "우리 학교의 유색인종 학생들은 학교 내의 구조적/체계적 불평등/불공정과 관련된 문제에 영향을 받는다고 느낄 가능성이 더 높다"라고 예측했고, 성차별을 연구하는 학생들은 "여학생과 트랜스젠더 학생들은 학교 내의 구조적/체계적 불평등/불공정과 관련된 문제에 영향을 받는다고 느낄 가능성이 더 높다"라고 예측했다. 각 작업 그룹의 예측은 각 설문조사 설계 시 노력의 중심이 되어 설문조사 응답자가 동의하거나 동의하지 않을 수 있는 진술로 설문조사 항목으로 구성할 수 있게 했다. 예를 들어, 인종 차별을 연구하는 작업 그룹은 설문조사에 "나는 인종 때문에 한 명 이상의 교사로부터 차별 대우를 받은 적이 있다"라는 문항을 추가했다. 설문조사 문항이 준비되면 모든 문항을 학교 관리자가 배포하는 데 동의한 설문조사에 통합하여 80%의 응답률을 얻었다. 그런 다음 우리 팀은 예비 조사 결과를 생성하여 학기가 끝나기 전에 교사와 학교 리더에게 발표하였다.

  정량적 데이터의 결과는 인종 차별 및 성차별에 대한 학생들의 우려를 뒷받침한다. 예를 들어, 인종에 따른 잠재적 문제를 조사하는 작업 그룹은 흑인 학생의 47%가 인종 때문에 다른 학생을 차별하고 있다고 생각한다는 사실을 발견했다. 또한 백인 학생의 약 1/3과 흑인 학생의 1/3이 교사가 인종 차별을 한다는 데 동의한다는 사실도 발견했다. 반면, 젠더 기반 문제를 연구하는 학생 중 21%만이 학교의 성차별 문제를 해결하기 위해 학교 어른들이 조처한다는 데 동의한다는 사실을 발견했다. 또한 같은 연구 그룹은 여학생의 절반49%이 학교에서 성차별이 발생하는 것을 본 적이 있다고 답했다.

  학생들은 개방형 설문조사 질문에 대한 응답을 코딩하여 정성적 데이터 분석도 수행했다. 정성적 분석에서 나타난 첫 번째 주요 주제는 "지속적인 인종 문제를 해결하기 위해 학교가 조치를 취할 것을 촉구하는 학생들"로 코딩된 94개의 댓글로 구성되었다. 두 번째로 등장한 주제는 "인종 불평등에 대한 인식을 높이기 위한 노력 강화를 요청하는 학생들"로 코드화된 68개의 댓글로 구성되었다. 생성된 데이터의 풍부함과 깊이를 고려할 때, 다음 학년도에는 새로 수집된 데이터를 학교 환경 개선을 위한 추가 연구 및 제도적 노력의 기초로 사용하기 위해 YPAR 팀을 초청하는 새로운 YPAR 주도권Initiative을 시행해 보기로 결정했다.

  PAR 프로세스의 마지막 단계다음 장의 6단계와 7단계 참조에 접어들면서 교사, 교육청, 심지어 버몬트 대학교에서 열린 지역 학술 연구 컨퍼런스에서 발표를 진행하기도 했다. 우리의 활동으로 인한 정책 변화는 학교 규율 강령의 변경, 형평성 중심의 전문성 개발을 위한 새로운 시작, 버몬트주에서 "흑인 생명도 소중하다Black Lives Matter"는 깃발을 게양한 최초의 중학교로 기록되었고 혐오 반대 집회에도 영향을 미쳤다. 교육구 지도자들은 YPAR 팀의 활동을 매우 소중하게 생각하게 되었고, YPAR 코치를 고용하여 교사를 교육하고 다른 교육구 학교에서 학생의 목소리를 확대하기 위한 추가 YPAR 주도권Initiative을 실행하는 데 도움을 줄 새로운 직책을 만들었다. 이 아름다운 일화가 RJ 프로그램을 평가하는 도구로서 PAR의 적용을 보여주지는 않지만, 회복적 접근법이 YPAR의 경험 전반에 걸쳐 정기적으로 적용되었다는 점을 주목할 필요가 있다. 이와 같이 이 사례는 RJ와 PAR이 서로를 보완할 수 있는 어떤 방식이 있음을 보여준다. 공동체 구축, 신뢰 구축, 협업 촉진, 정서적 지원이 필요한 또래를 위한 공간 마련에 회복적 실천의 큰 가치를 고려할 때, 프로젝트 기간 내내 공동체와 회복적 서클을 정기적으로 활용하는 것은 당연한 일이라고 생각했다. 이러한 회복적 실천을 도입함으로써, 팀원들이 YPAR 관련 현장 조사를 하는 동안 해로운 형태의 저항에 직면했을 때 공간을 확보하여 팀의 열린 소통 능력, 강력한 팀 구성, 정서적 회복력을 크게 높일 수 있었다는 것이 우리가 관찰한 것이다.

YPAR과 PAR, 그리고 회복적 실천의 핵심은 모든 사람이 가치 있다고 느끼도록 돕는 것이다. 청소년, 학교, 사법 및 아동 복지 시스템, 그 외 거의 모든 시스템에서 청소년은 자신의 의견이 담긴 목소리와 가치를 인정받지 못하며 자기 능력과 차이가 인정받고 존중받는다고 느끼지 못한다. 제도의 영향을 받는 성인도 마찬가지다. 이러한 역학 관계를 중단하는 데 관심이 있는 사람들을 위해 YPAR, PAR 및 회복적 실천은 다음과 같은 적절한 철학적 의지를 제시한다.

- 모든 사람의 목소리는 들려야 한다.
- 우리는 모두 소중하다.
- 공감과 협업이 핵심이다.
- 관계는 강화되어야 한다.
- 동의를 이뤄내야 한다.
- 도전적 과제는 분명히 언급되어야 한다.
- 변화는 일어나야 한다.

회복적 정의 관련 일에 있어서, 주요 목표는 강인한 공감을 통해 커뮤니티를 구축하는 것이다. PAR과 YPAR에 있어서 주요 목표는 집단적 비판적 사고, 지식 창출에 대한 참여, 문제 해결이다. 성공의 비결은 이 두 가지를 함께 이용하는 것이다.

5장

이론에서 실천으로:

PAR 프로그램 설계 및 평가 방법

• • • •

프로그램 설계와 평가는 비전을 실행에 옮기고 그 효과와 영향력을 지속적으로 개선하기 위한 경로를 제공한다. 이러한 방식으로 수행되는 업무는 우리의 가치에 부합하고 우리가 원하는 목표에서 벗어나지 않을 가능성을 높여준다. 이번 장에서는 PAR 중심의 프로그램 설계 및 평가를 위한 핵심 질문 구성과 단계를 제시한다. 또한 두 개의 PAR 프로젝트가 어떻게 진행되었고 어떤 결과가 나왔는지 소개하고자 한다.

    PAR은 변화를 통해 세상을 이해하고 개선을 추구한다. 그 중심에는 연구자와 참여자가 던지는 집단적이고 자기성찰적인 질문이 놓여있으며, 그렇게 연구자와 참여자는 자신이 참여하는 사례와 자신이 처한 상황을 이해하고 개선할 수 있다. 성찰적 과정은 역사, 문화, 지역적 맥락에 대한 이해와 사회적 관계에 내재한 영향을 받아 행동으로 직접 연결된다. PAR의 과정은 권한을 부여하고 사람들이 자신의 삶에 대한 통제력을 높일 수 있도록 이끌어가는 연구다.[23]

RJ와 마찬가지로, PAR 작업을 시행하는 중심에는 특정 실천과 과정이 있다. 한 단계의 결과가 다른 단계의 프로세스에 영향을 미치고, 결과에 대한 성찰이 실행안에 내재하고 있는 반복적인 과정이다. 비록 모든 프로그램의 설계와 평가에는 시간과 자원이 필요하지만, PAR 프로젝트에는 더 많은 시간이 필요할 수 있다. 이를 진행하려면 새로운 프로그램을 개발하거나 기존 프로그램을 평가하는 것 외에도 참여자에게 많은 긍정적 결과를 제공할 수 있는 프로세스라고 생각하면 도움이 될 것이다. 또한 일부 기관에서 PAR을 시작하기 위해 사용하는 한 가지 접근 방식은 이러한 전문성을 갖춘 대학이나 PAR 프로세스를 개발하고 잠재적으로 촉진할 수 있는 컨설턴트와 협력하는 것이다. 팀원들이 PAR 프로젝트 개발에 대해 배울 수 있는 교육 프로그램온라인 또는 오프라인도 있다.[24]

---

23) Baum, Fran, Colin MacDougall, and Danielle Smith (October 2006). "Participatory Action Research." *Journal of Epidemiology & Community Health* 60(10): 854-857.
24) Participatory Action Research. Accessed February 9, 2023. https://participatoryactionresearch.sites.carleton.edu/stages-of-par/.

모든 PAR 프로젝트는 독특하다. 영향을 받는 사람들을 중심에 두고 그들을 통합하는 프로젝트는 사람, 프로그램, 공동체의 상황에 맞는 프로세스, 방법, 최종 결과물을 개발한다. 지금부터는 프로젝트를 개발하고 실행하는 데 도움이 되는 일반적인 단계를 소개하고자 한다. 이러한 단계를 살펴볼 때, PAR 프로세스는 반복적이며, 선형적인 경로를 따르지 않고 단계를 돌면서 이전에 진행했던 단계를 다시 실행할 수도 있다는 점을 기억할 필요가 있다. 자세한 내용은 이 책의 끝에 있는 자료들을 참고하라.

1단계 : 팀 기초

참여적 행동 연구 프로세스의 첫 단계는 설계/평가 프로세스를 안내할 참여적 행동 연구 팀을 구성하는 것이다.

PAR 팀 구성하기

아마도 PAR 팀을 구성하는 것은 이 작업의 핵심사안으로 전체 과정에 있어 가장 중요한 단계일 것이다. 서클을 진행하는 것과 유사하게, 이 팀은 심의 프로세스를 사용하여 설계/평가 PAR 프로세스에 필요한 핵심 질문을 명확히 하고 아래에 설명된 모든 단계를 감독하고 수행함으로써 몇 달 동안 함께 작업할 수 있는 시간을 확보해야 할 것이다.

가장 먼저 고려해야 할 사항은 PAR 팀의 규모와 다양성이다. 그룹을 4~8명 정도의 소규모로 유지하는 것이 가장 좋겠지만, 동시에 당신은 작업의 성공에 영향을 미칠 다양한 그룹의 대표들을 어떻게 확보할지 생각해야 한다. 예를 들어, 만약 당신이 학교에 근무한다면 교사, 학생, 어느 정도 권한을 가진 관리자, 학부모, 함께 일하는 지역사회 그룹의 누군가를 참여시키고 싶을 것이다. 이 사람들은 각각 다른 관점을 갖고 있을 뿐만 아니라 지역사회의 서로 다른 사람들과 연결되어 있을 것이다.

다음은 팀을 개발할 때 고려해야 할 질문들이다.

1. 누구를 초대할 것인가?
2. 누구를 제외할 것이며 왜 그래야 하는가?
3. 이 과정에 참여시키고 싶은 사람이 있다면 누구이며, 왜 그 사람의 의견이 가치 있다고 여기는가? 그 사람을 참여시킬 방법이 있는가?
4. 여기에 참여시키고 싶지 않은 사람이 있는가? 왜 그런가? 그들을 참여시키지 않을 때 잃는 것은 무엇인가?
5. 여러분이 제외한 사람들이 참여하지 않으면 달성하기 어렵거나 불가능한 일은 무엇이며 그 잠재적 영향은 무엇인가? 그 사람들이 PAR 팀의 일원이 되지 않으면서도 참여할 수 있는 특별한 방법들은 있는가?

퍼실리테이터facilitator 확인하기

PAR 팀 퍼실리테이터란 서클이나 진행이 필요한 대화 과정을 위한 기술이나 유사한 기술을 가진 사람을 말한다. 퍼실리테이터는 기관, 지역사회 그리고 기관이 돕고자 하는 사람들에 대해 잘 알고 있는 사람이어야 한다. 회의 공간을 찾고 준비하며, 회의 일정을 정하고, 회의에서 해야 할 일에 대한 큰 그림을 그리고, 구성원 간의 소통을 유지하는 등 팀 운영 과정에 있어 중심을 잡는 역할을 담당한다. PAR 프로세스 중에 발생하는 메모 작성, 일의 흐름 관리, 기록 보관 및 제반 업무 등 그룹에 필요한 책임 공유 및 원활한 소통에 관한 기준들과 문제들을 준비하고 다루어야 한다.

▎2단계: 팀 결속력 구축 및 자원 평가하기

PAR 프로세스의 두 번째 단계에서는 프로세스를 설계하고 평가하는 데 필요한 리더십을 확립하고 자원들을 평가할 결속력 강한 PAR 팀을 개발하는 데 집중한다.

팀 결속 및 리더십 구축

회복적 실천과 같이 PAR 팀이 가능한 효과적이고 생산성이 있으려면, 그룹에 필요한 기준, 기대치, 참여 규칙들을 수립해야 한다. 이러한 규칙은 참가자들의 그룹 안에서 개발해야 하며, 구성원들이 이 규칙을 따르지 않을 때 문제를 어떻게 해결해야 할지를 결정해야 한다. 이와 관련하여 논의할 질문은 다음과 같다.

업무의 나눔

1. 팀의 책임은 무엇이며 이러한 책임을 어떻게 공유할 수 있는가?
2. 누가 어떤 작업을 수행할 것인가?
3. 신용을 어떻게 공유할 것인가?
4. 그룹에서 드러나는 의견의 차이와 갈등을 어떻게 말할 것인가?

리더십 역할

1. 누가 팀을 이끌 것인가?
2. 리더십을 공유할 것인가 아니면 돌아가면서 할 것인가?
3. 누가 그룹을 대변할 것이며, 메시지는 어떻게 발전시킬 것인가?

지지, 신용 및 가치

1. 주요 참여자들이 돈, 학점, 리더십/기술 개발과 같은 그들의 일에 필요한 "가치"를 부여받는가?
2. 공유할 수 있는 자원들은 무엇인가?
3. PAR 프로세스를 달성하는 데 필요한 헌신 수준을 고려할 때, 팀원들은 어떻게 지지받고 보상을 받을 수 있는가?

업무 문화 및 기대치

1. 업무 완료까지 작업 계획은 무엇이며 일정표는 어떠한가?
2. 장기적인 상호책임과 참여를 어떻게 유지할 것인가?
3. 팀은 얼마나 자주 만날 것이며, 함께 작업하는 동안 지켜야 할 규칙은 무엇인가?
4. PAR 프로세스를 진행하는 과정에서 문제가 발생할 때 무리 없이 다루기 위해 누가 나설 것이며 이를 어떻게 드러낼 것인가? 예를 들어, 최종 결과가 공동체 리더나 다른 사람들이 문제나 해결책에 관해 이야기하는 방식과 상반될 때, 혹은 현재 해결책이 실제로 문제를 악화시키는 것으로 밝혀진 경우, 당신은 어떤 방식으로 현재 기울이는 노력에 도움이 되면서 추가로 장애물이 생기지 않도록 문제를 다룰 것인가?

가용 자원 평가하기

PAR 작업을 시작하기 전에, 작업을 지원하는 가용 자원들을 살펴보는 일은 매우 중요하다. 프로젝트가 끝날 때, 학점을 부여하거나, 출판물에 자신의 이름을 올리거나, 선물 카드를 발행하는 것 등의 보상이 필요한 때도 있을 것이다. 가용 자원이 풍부한 일부 PAR 프로젝트에서는 팀원에게 보수를 지급하는 때도 있지만, 항상 그런 것은 아니다. 이는 실제 상황으로 직원이나 교사일지라도 한두 명의 팀원만 돈을 받고 다른 팀원들은 모두 무료로 일한다면 프로세스가 훼손되기 쉽다. 그러니 가용 자원을 평가한 후에 다음 질문을 고려해 보라.

1. 자금, 정보/교육, 교통수단 등 제공이 가능한 어떤 다른 자원이 필요한가?
2. 예를 들어, 서비스 멍키와 같은 프로그램을 사용하여 설문조사 설계에 대한 도움이 필요한지, 통계프로그램에 입력할 원 데이터raw data가 필요한지, 혹은 오디오나 비디오 파일을 편집하는 데 도움이 필요한지 등 특정 전문 지식에 대한 접근이 필요한가?
3. 팀원을 위한 자녀 돌봄 혹은 교통수단과 같은 구체적인 자원이 제공될 필요가 있는가?
4. 필요한 자원이 없어서 다루지 못한 채 남겨둬야 하는 프로젝트가 있는가?

일단 이 과정을 거치고 나면 업무에 대한 비전을 공유하고 신뢰를 바탕으로 관계를 구축하며, 협상과 타협 능력이 있고, 원활한 의사소통이 가능하며, 다음 단계로 나아가는 데 필요한 자원을 이해하는 팀을 만들어야 한다.

3단계: 연구 조사에 필요한 질문 개발하기

참여적 행동 연구는 업무에 가장 큰 영향을 받는 사람들의 경험에 뿌리를 둔 질문들이 무엇인지 조회하는 형태이다. 이러한 질문들은 PAR 프로세스에서 발견되기는 하지만, 외부 기관에서 요구하는 질문들은 아니다. 단계를 거치는 동안, PAR 팀은 설계/평가 작업을 이끌어가는 연구 질문들을 작성해야 할 뿐만 아니라 작업의 가치를 명확하게 하고 가능한 장벽들이 무엇인지 설명해야 한다.

핵심 가치와 장벽 설명하기

회복적 작업의 핵심 가치에 관해 폭넓은 대화를 나누는 것은 매우 중요하다. 팀원들이 당신의 기관이 제공하는 모든 가치와 실행 방법을 명료하게 표현하도록 아이디어를 기록하기 위해 포스트잇을 사용한다든지 브레인스토밍 시간을 갖는 것은 좋은 방법이다. 연구 질문을 통해 이루려는 목표는 업무의 핵심 가치와 기본 목표를 드러내는 2차 및 3차 목표의 밑동을 파헤치는 것임을 기억할 필요가 있다. 다음은 당신의 팀이 올바른 방향으로 나가도록 자극하는 몇 가지 질문들이다.

1. 여러분의 미션은 무엇인가?
2. 여러분이 도우려는 사람들은 누구이며, 그들이 필요하다고 말하는 것은 무엇인가?
3. 다른 조직은 여러분의 어떤 도움을 원하는가? 그들의 기대치와 여러분의 기대치가 일치하는 점은 무엇인가? 일치하

는 부분이 없다면 여러분의 작업에 그것이 어떤 영향을 끼치는가?

4. 여러분이 핵심 목표를 성취하고자 할 때 장애물은 무엇인가?
5. 이러한 목표들을 달성하도록 참가자를 돕지 못하게 하는 프로그램상 장애물은 무엇인가?
6. (1차, 2차, 3차) 목표를 달성하기 위해 무엇을 해야 하는가?
7. 1차 목표를 달성하면 2차 및 3차 목표도 성공할 수 있다는 생각을 어떻게 명확히 표현할 수 있는가? 이것이 바로 핵심 가치1차 목표와 2차/3차 목표 사이에 일관성이 있는지 평가하는 척도로 사용할 수 있도록 만드는 3장에서 설명할 변화이론임을 기억하라.
8. 이러한 질문에 대한 당신의 대답이 현재 조직에서 측정하는 내용을 반영하고 있는가?
9. 회복적 정의 가치를 실현하는 데 장애물을 만들어내는 근본적인 제도적 이슈에는 어떤 것이 있는가?

핵심 연구 질문 개발하기

일단 위에 언급한 질문들을 논의했다면, 다음으로 PAR 프로세스에서 담당팀이 답하고자 하는 핵심 질문을 작성해야 한다. 이 질문은 여러분이 언급하고자 하는 이슈를 가장 폭넓게 묘사하는 질문이어야 한다. 이 프로세스가 어떻게 작동하는지에 대한 전체 그림은 4장의 YPAR의 사례를 참고하라.

핵심 질문을 제대로 만들고 틀을 잘 짜기 위해서는 때때로 공동체로부터 구체적인 정보를 수집해야 한다. 이 과정은 종종 반복적인 과정을 거치는데, 그 이유는 여러분이 드러낸 사실들이 탐구해야 할 문제와 데이터에 대한 여러분의 이해에 영향을 미칠 수 있기 때문이다. 4장의 YPAR 사례에서 살펴보겠지만 이 수업의 과정은 초기 토론과 설문조사의 일부였던 몇 가지 질문에서 YPAR 주도권의 나머지 부분을 안내할 단일 연구 질문으로 발전한 "우리 학교는 모든 학생이 환영받고 안전하다고 느끼는 곳인가?"이다.

핵심 질문을 살펴봄에 있어 가정 폭력 생존자들의 안전을 가장 잘 지켜줄 방법을 이해하는 것과 관련이 있다고 가정해 보자. 다음의 질문들을 탐구하면서 핵심 질문을 발전시킬 수 있다.

1. 팀이 핵심 질문을 작성하는 데 필요한 통찰력을 개발할 수 있도록 안내하려면 어떤 구체적인 정보가 필요한가? 예를 들어, 정책 입안자들은 피해자의 안전을 위해 보호 명령이 필수적이라고 생각하지만, 많은 생존자가 상황을 악화시킬 수 있다고 생각하여 보호 명령을 거부한다. 여러분의 팀은 생존자들이 안전을 추구하기 위해 마주하는 어려움과 관련한 핵심 질문을 개발하기 위해 이러한 이슈를 조회할 필요가 있다.

2. 생존자의 관점에서 근본적인 장애물로 이해하는 방법을 어떻게 찾을 수 있을까? 피해자들에게 우리가 "왜 떠나지 않습니까?"라고 물어볼 수는 없지만, 우리는 안전과 보안에 대한 그들의 느낌, 친구와 가족, 안전을 위한 여타 노력에 대한 그들의 경험에 대해 질문함으로써 이를 파악할 수 있을 것이다.
3. 가족과 공동체 구성원의 관점에서 이 이슈를 어떻게 이해할 수 있을까? 위의 예와 마찬가지로 가족 구성원들은 자기를 보호하고 사랑하는 사람들의 성공을 가로막는 장애물에 대한 통찰력을 갖고 있다. 예를 들어, 쉼터에 침대가 충분하지 않다거나, 직장을 떠나거나 가정을 포기하는 것에 저항하거나, 부양해야 할 자녀의 필요를 어떻게 돌봐야 할지 불분명한 것과 같은 것들이다.

핵심 질문은 "어떻게 하면 가정 폭력 피해자를 가정에서 떠나도록 할 수 있을까?"가 아니라 "어떻게 하면 우리 공동체가 생존자를 안전하게 보호할 방법을 만들고 유지할 수 있을까?"와 같이 이러한 우려를 포괄하면서도 긍정적인 언어로 표현해야 한다.

4단계: 방법과 도구 개발하기

일단 핵심 질문을 개발하고 수집해야 할 정보 및 데이터를 명확히 했다면, 이제 당신은 해당 정보를 수집하는 데 사용할 방법에 관한 대화를 시작할 수 있다. PAR 프로젝트 대부분은 다양한 데이터 수집 유형에 맞는 적합한 방법에 따라 서로 다른 문제의 범위를 파악하고 해결책을 찾기 위해 여러 가지 방법을 사용한다.

예를 들어, 학교를 대상으로 한 PAR 프로젝트는 학생 수 통계 데이터를 살펴보는 것으로 시작한 뒤, 팀원들은 위험행동 설문조사 Youth Risk Behavior Survey, YRBS와 같은 범죄, 성범죄, 실업, 학교 환경 등에 관한 공개적으로 이용이 가능한 보고서를 읽어볼 수 있다. 이러한 데이터를 사용하여 학생과 성인이 연합하여 그들에 관해 이러한 데이터가 무엇을 말하는지 분석하고 조사 결과에 대한 동의 정도를 탐색하고, 변화를 위해 우선순위를 두는 문제를 해결하기 위한 통찰력, 아이디어 및 전략을 논의하는 토론을 시작할 수 있다. 일단 분석이 어느 정도 완료되면 PAR 팀은 공동체 구성원들과 일련의 대화를 진행하거나 공동체 설문조사를 진행하기로 결정할 수 있다.

이 단계에서 PAR 팀은 (예: 설문조사를 통해 핵심 정보를 찾아 인터뷰에 반영하는 조사 방법과 같이) 어떤 방법을 사용할지, 왜 그 방법을 선택하는지, 다른 방법과의 관계에 대해 생각해야 한다. 또한 이 시기는 여러분에게 맞는 방식으로 작업을 공유할 방법을 미리 생각하고 고려해야 할 때이다. 마지막으로, 작업을 공유할 때 주요 청자가 누구인지, 그들과 가장 효과적으로 소통할 수 있는 방법을 고려해야 한다. 예를 들어, 사진전을 통해 가장 큰 반응을 보일 주요 청중들이 있다면 대면 및 온라인 형식을 모두 만들고 사진의 크기와 품질이 적절한지 확인하는 등 세부 사항에 유의해야 한다. 만약 다른 기관이 그들의 웹사이트에서 당신의 발표를 호스트 한다면, 작업을 시작하기 전에 기술적인 요구 사항을 미리 점검해야 한다.

이 단계의 궁극적인 목표는 질문에 답하는 데 필요한 정보를 발견하기 위한 당신의 노력을 지원하는 최상의 방식이 무엇인지 찾는 것이다. 결과적으로 PAR 팀에게 가장 중요한 것은 공동체에 가장 적합한 방법을 결정하는 것과 공유하려는 메시지를 홍보하는 것이다. 예를 들어, 만약 정책 입안자에게 영향력을 미치고자 할 경우, 어떤 방법론이 가장 큰 영향을 미칠 것인가 생각해야 한다. 많은 수의 설문조사가 그들에게 영향을 끼칠 것인가 아니면 자세한 구전 역사 기록물들이 더 영향을 끼칠 것인가? 데이터를 통합하여 엮는 것은 좋은 방법일까?

사용 가능한 다량 데이터 집합과 함께 시작하기

PAR에서 사용하는 방법은 인형 안에 인형이 또 들어 있는 러시아 마트료시카 인형과 비슷하다. 대부분은 가능한 한 가장 큰 데이터 세트로 시작한 다음 단계를 진행하면서 더 집중하는 것이 PAR 연구를 시작하는 가장 좋은 방법이다. 평가 및 정책 보고서, 출판된 학술 데이터, 뉴스 기사, 사내 데이터 수집, 인구조사 및 정부 기관에서 수집한 기타 데이터와 같이 공개적으로 이용이 가능한 연구로부터 시작하는 것이 좋다. 여러분이 속한 기관에서 데이터를 보관하고 있을 수도 있고, 업무에 대한 보고서를 작성했을 수도 있고, 다른 기관에서 평가를 수행한 것일 수도 있다. 이러한 데이터들은 검토하고 논의해야 한다. 이러한 데이터들이 흥미로운 이유는 다음과 같다.

- 이러한 데이터들은 오랜 시간에 반복적으로 수행되어 경향성이 어떤지 비교할 수 있는 수치를 보여준다.
- 이러한 데이터들은 학계, 정책 입안자, 자금 후원자, 정치 지도자 그리고 여러분이 속한 기관이 갖고 있는 질문이나 관심사가 무엇인지 보여준다.
- 이러한 데이터들은 이미 지출된 자금이 어디에 사용되었는지 보여줌으로써 공공 및 민간 자금의 지출을 파악하고 정책을 결정할 때 사용된다.
- 이러한 데이터들은 당신이 속한 지역사회 리더들이 의사결정을 할 때 사용하는 정보가 무엇인지 드러내 준다.
- 이러한 데이터들은 권력을 가진 사람과 시스템이 당신이 함께 일하는 사람들에 대해 생각하고 말하는 것이 무엇인지 보여준다.

전형적인 연구 방법으로부터 선택하기

연구/평가 프로세스에서 일반적으로 사용되는 많은 연구 방법론을 PAR에 적용할 수 있다. 이러한 방법들은 다양한 연구 질문을 드러내는 데 사용될 수 있다. 여러분의 공동체 내에 일전에 이러한 방법을 사용해 본 적이 있는 사람이 있는지, 그들로부터 도움을 받을 수 있는지 찾아보라.

설문조사 및 설문지: 설문조사와 설문지는 간결하고, 예/아니요 또는 객관식 질문을 명확하게 사용하며, 추가 의견을 남길 수 있도록 한 개의 질문을 포함하는 방식이 좋다. 명확한 답변을 제공하는 설문지를 만드는 것은 쉽지 않고 설문지가 너무 길거나 제대로 정리되지 않은 경우가 많으므로 설문조사 설계 방법에 대한 전문가의 의견을 구하는 것이 좋다. 공동체 구성원의 응답을 받기 전에 소규모 그룹을 대상으로 당신이 진행할 설문조사를 미리 테스트하는 것이 중요하다. 대중에게 공개하기 전에 설문조사를 여러 번 반복하는 것은 드문 일이 아니다. 설문지를 작성하는 사람이 여러분이 다루고 있는 문제에 대해 더 많은 이야기를 하고 싶은지 항상 물어보라! 이러한 사람들은 장시간 인터뷰를 진행하는 사람 중 일부일 수 있다.

인터뷰: 설문조사에 응답하는 사람들은 종종 당면한 문제에 관해 더 이야기하고 싶어 하는 경우가 많다. 또한, 거기에는 경찰관, 학교장, 이사, 공동체 전문가 등과 같이 인터뷰를 하고 싶어 하는 특정 이해관계자가 있기 마련이다. 인터뷰는 일부 데이터와 설문조사 정보를 처리한 후에 실시하여 해당 정보를 탐색하는 방법으로 활용하는 것이 좋다. 일반적으로 인터뷰는 PAR 작업에 대한 몇 가지 공통된 정보를 제공한 뒤, 각 인터뷰 대상자가 답변하는 공통

된 질문 세트를 중심으로 구성하여 진행한다. 인터뷰 마지막 부분에서는 인터뷰 대상자가 당면한 주제에 대해 추가로 생각하거나 토론할 수 있는 시간으로 사용할 수 있다. 이러한 내용은 디지털 녹음기나 휴대폰에 녹음하거나 그냥 잘 기록하여 정리해도 좋다. 또 다른 좋은 PAR 방법으로 포커스 그룹은 여러 사람과 인터뷰하는 방법이다.

구술기록: 당신이 말하고자 하는 문제들이 어떻게 사람들에게 영향을 끼쳤는지 그들의 생애와 삶의 방식들을 깊이 탐구하고 싶다면, 구술기록을 통해 엄청난 깊이와 의미를 파악할 수 있다. 구술기록을 여러 번 반복하여 진행할 수 있다면, 작업이나 결과에 영향을 미치는 주제들이 생겨날 수도 있다. 우리는 교장이나 법집행 전문가 등과 같은 공동체 리더들과 민감한 인터뷰를 진행하면서 작업에 진정으로 가치 있는 매우 중요한 통찰력이 드러난다는 사실들을 확인해 왔다. 만약 말하는 사람이 허락한다면 녹음한 내용들은 필사본, 오디오, 혹은 비디오 형태로 최종 결과물에 포함하여 충분한 자료가 될 수 있다.

창의적인 접근법 선택하기

PAR에서는 일반적인 연구 방법을 뛰어넘는 다양한 창의적 접근법을 사용하여 데이터를 수집한다. 예를 들어, 공공장소에 "제안 상자들"을 설치하거나 중요한 정보를 공유하거나 아이디어와 피드백을 얻기 위해 지역사회에서 대화 서클을 열 수 있다. 다음은 우리가 제공할 수 있는 추가 아이디어들이다. 일반적인 조사 방법과 마찬가지로 이러한 방법을 사용해 본 사람들에게 먼저 조언을 구하라. 이 책의 마지막 추가 자료에 이러한 방법 중 일부를 실었다.

지도 그리기매핑, mapping: 당신이 관심을 두고 있는 지리적 장소는 어디인가? 데이터, 문제, 해결책을 지도로 그려놓는 데는 이유가 있다. 당신이 염려하는 것들이 당신이 변화시켰으면 하는 적절한 장소 위에 표시된 것을 보고 깜짝 놀랄 수도 있다. 매핑은 온라인 도구를 사용하여 결과를 효과적으로 공유하는 효과적인 방법이기도 하다.

사진: 한 장의 사진은 천 마디 말보다 가치가 있다. 사진을 사용하여 당신이 해결하려는 문제를 문서화하는 것은 참가자들이 당신이 진행하는 일의 의미와 문제를 이해하는 강력한 방식이 될 수 있다. 사진을 본 사람들은 피드백 토론 세션이나 피드백을 작성하는 색인 카드를 통해 반응할 수 있다. 포토 보이스Photo Voice 프로그램은 PAR을 수행하기 위한 효과적이고 확립된 방법으로 이 과정을 수행할 수 있는 엄청난 양의 자료가 들어있다.

퍼포먼스: 촌극이나 다른 형태의 퍼포먼스는 데이터를 수집하는 놀라운 방식으로, 특히 청중이 피드백 세션에 참여할 때 더 효과적이다. 젊은이들이 공식적인 "발표"를 하지 않으면서 그들의 이슈들을 전달해야 할 때, YPAR 프로젝트들은 그들만의 방식으로 퍼포먼스로 표현한다. 퍼포먼스는 쇼가 끝난 후에도 지역사회 곳곳을 돌아다니며 대화와 토론을 이어갈 수도 있다. 이렇게 하면 청중이

여러분이 해결하고자 하는 문제에 대해 생각하는 과정에 참여하세 되고, 여러분의 작업에 더 많은 지지를 끌어낼 수 있다.

이러한 자료 수집 방법들을 PAR 프로세스 전반에 걸쳐 정보를 공유하는 방식으로도 사용할 수 있다는 것이 흥미롭다. PAR에서 정보를 공유하는 방법들과 과정은 PAR 작업 자체에 정보를 공유하고 순환시키는 수단들이 될 수 있다.

"정보 제공자" 식별하기

"정보 제공자"는 조사 연구 질문에 대한 정보를 제공하거나 답변할 필요가 있는 정보를 가진 사람을 말한다. 이들은 직접 설문지를 작성하거나 인터뷰에 참여하거나 전화를 받게 된다. 학교 교장이나 학교 버스 운전사, 시장이나 가정법원 직원, 길모퉁이에서 노는 아이, 청소년 단체를 운영하는 목사가 여기에 해당한다. 특정 전문 지식을 가진 사람들도 포함될 수 있다. 대학에서 해당 지역의 빈곤에 관한 연구를 수행한 적이 있는가? 문제 아이들을 만나는 멘토 중에 해당 지역에서 "문제아"로 자란 어른이 있는가? 가까운 대학에 PAR 전문가가 있는가? 이러한 질문들은 모두 PAR 프로젝트의 정보 제공자가 될 수 있는 사람들이다. 중요한 것은 프로세스와 연구 질문에 가장 적합한 정보 제공자가 누구인지 파악하고 이들에게 연락하기 가장 적합한 사람이 누구인지 결정하는 것이다.

5단계: 데이터 수집하고 분석하기

이제 여러분은 데이터를 수집할 준비가 되었다. 이 단계에서 중요한 것은 끊임없이 작업의 품질에 주의를 기울이면서 합리적인 시간표와 기대치를 설정하는 것이다! 예를 들어 200개의 설문지가 필요한가? 아니면 50개 정도면 충분한가? 당신이 원하는 정보와 의미 파악을 위해 핵심 인물과 몇 번의 인터뷰가 필요한가? 데이터를 분석하는 데 필요한 전문 지식을 갖추고 있는가? 이를 위해 PAR 팀은 다음과 같은 질문에 답할 수 있어야 한다.

데이터 수집과 분석

1. 누가 데이터를 수집하고 분석할 것인가?
2. 데이터를 수집하고 분석하는 사람들이 자신의 지식과 경험을 공유할 것으로 기대되는 사람들로부터 신뢰를 받을 수 있을까?
3. 작업을 수행할 충분한 인력은 준비되어 있는가? 그들을 훈련해야 하는가?
4. 데이터를 기록하고 분석하기 위해 어떤 프로그램이나 플랫폼을 사용할 것인가? 특별한 소프트웨어가 필요한가?

방법론적 세부사항

1. 각 방법론에 몇 명을 참여시킬 것인가?

2. 사람들이 종이 설문지를 사용하게 할 것인가? 누가 데이터를 수집하고 입력할 것인가?
3. 결과를 즉시 확인할 수 있도록 설문조사에 사용할 태블릿이 있는가? 태블릿을 사용하여 설문조사를 할 경우에는 서비스 몽키SurveyMonkey나 구글 폼Goodgle Form과 같은 데이터 기록 및 분석 프로그램을 사용할 수 있다.
4. 구술기록이나 사진 촬영을 위한 디지털 장비가 필요한가? 이러한 자료를 편집하는 데 어떤 도움이 필요한가?

가능한 여러 방법으로 작업하기

1. 세 가지 이상 데이터 측정의 결과를 얻기 위해 유효성을 높이도록 제안된 여러 방법을 사용하여 작업할 경우, 원하는 데이터를 얻을 수 있도록 이러한 방법을 개발하는 방법을 어떻게 배울 것인가?
2. 서로 다른 "데이터 세트"가 결합하거나 결합하지 않는지 어떻게 이해하는가? 이를 위해 외부 전문가가 필요한가, 아니면 유효한 결론을 도출할 수 있을 만큼 자료 수집이 투명한가?

이 단계에서 PAR 팀은 일반적으로 다양한 유형의 데이터를 동시에 수집하고 분석하며, 작업을 진행하면서 새로운 데이터 수집 방법을 만들 수 있다. 이 단계가 선형적인 프로세스가 아니라 순환적인 프로세스라는 것을 염두에 두라.

  데이터를 정적인 객체로 생각해서는 안 된다. 데이터는 항상 다른 데이터와 "소통"하거나 "대화"한다. 데이터를 수집하고 분석하다 보면 데이터 간에 일치하는 부분도 있고 일치하지 않는 부분도 있다는 것을 알게 될 것이다. 이것이 바로 우리가 원하는 것이다! 다양한 형태의 데이터를 비교하고 대조하면서 참여적 행동 연구팀에게 여러 가지 맥락을 제시할 수 있을 것이다. 그리고 깔때기처럼 이 반복적인 대화 과정을 거치다 보면 데이터는 보다 명확해지고 초점이 생길 것이다. 이는 매우 흥미로운 과정이다. 데이터는 하나의 데이터 세트가 다음 단계의 데이터 수집에 정보를 제공할 수 있도록 물결을 이루어 나가듯 분석해야 한다. 이는 PAR의 반복 전략의 일부이다. 이 과정에서 고려해야 할 질문들은 다음과 같다.

1. 이해도를 높이기 위해 더 자세한 정보가 필요한 주제들이 있는가? 그렇다면, 어떻게 해당 데이터를 수집할 것인가?
2. 예상했던 것과 매우 다른 정보가 있는가? 핵심 질문이나 방법들을 재고해야 할 필요는 없는가? 데이터의 다양한 메시지에 업무와 관련한 중요한 사항이나 추가로 조회해야 할 필요가 있는 사항이 드러나지는 않았는가?
3. 보고 있는 다양한 형태의 데이터는 어떻게 "서로 대화"하고 있는가? 다양한 데이터에서 비슷하거나 다른 정보가

나왔는가? 예를 들어, 공개적으로 이용 가능한 데이터가 사람들이 설문조사에서 말한 것과 매우 다른 내용을 말하고 있지는 않은가?
4. 다른 정보나 더 필요한 정보는 없는가?
5. 포함해야 할 다른 정보 제공자가 나타나지는 않았는가?
6. 공동체와 구성원에 대한 데이터가 말하는 것은 무엇인가?
7. 시스템 혹은 기관의 서비스나 개입에 관해 데이터가 말하는 것은 무엇인가?
8. 학습하고 있는 내용이 당신의 기관이 시행하고 있거나 시행할 필요가 있는 일에 어떻게 영향을 미치는가?
9. 데이터 분석에서 드러난 문제를 해결하기 위해 프로그램을 만들거나 재구상해야 할 선택지에는 어떤 것이 있는가?
10. 연구를 통해 드러난 더 큰 사회적 이슈는 무엇인가?
11. 이러한 사회적 이슈들에 대해 할 수 있는 일은 무엇인가?

수집한 데이터가 공개적으로 사용 가능한 결과 또는 연구 결과와 어떻게 일치하는지 생각해 보아야 한다. 이는 조사 결과가 서로 상충될 수 있기 때문이다. 즉, 유사점과 차이점은 무엇인지, 특히 눈에 띄는 차이점이 있는지 살펴봐야 한다. 상충하는 결과는 결론에 영향을 미치거나 분석의 다음 단계 또는 서로 다른 데이터 세트 간에 발생하는 "대화"에 대한 아이디어를 생성할 수도 있다. 예를 들어, 내알리사가 가정 폭력 생존자들과 함께 PAR 프로젝트를 수행했을 때, 아동 복지 시스템이 아동의 안전을 소홀히 했다는 비난이 담겨있는 데이터가 있었다. 하지만 여성들과 직접 이야기를 나누면서 여성들이 자녀를 보호하기 위해 최선을 다하고 있다는 사실을 알게 되었다. 이러한 상반된 데이터는 이 문제를 해결할 수 있는 새로운 방법을 모색하는 데 매우 중요한 통찰력을 제공해 주었다.

공개적으로 사용 가능한 기존 데이터 같은 **광범위한 데이터 분석하기**

일단 팀이 이미 존재하는 데이터를 파악했다면, 그 데이터에 대해 계속 캐물어야 할 것이 있다. 이 데이터의 연구자들이 올바른 질문을 하고 있는지, 그들이 올바른 정보를 수집하였는지, 올바른 결론을 도출하였는지 논의가 필요하다. 그들이 연구 담당자들이라면 어떤 이슈를 연구해야 하는지 생각해야 하는 좋은 시간이다. 예를 들어,

- 당신의 팀이 공동체에 물어보고 싶어 하는 질문은 무엇인가?
- 당신이 속한 공동체에서 이러한 종류의 데이터를 사용할 수 있다는 사실과 그것이 무엇을 의미하는지 알고 있는가?
- 당신은 이러한 정보를 어떻게 해석하는가?
- 이러한 정보를 어떻게 수집할 것인가?

- 당신은 이 보고서에서 도출된 결론이나 추천 사항에 동의하는가?
- 만약 그렇지 않다면, 당신의 팀에서 우선해서 다루어야 할 이슈가 무엇인지 파악하기 위한 질문을 어떻게 구성할 것인가?

이러한 과정은 수집 중인 다른 데이터와 당신이 "소통"하도록 준비해 줄 것이다. 이 대화는 당신이 PAR 프로세스를 진행하는 동안 계속될 것이며, 일을 진행할 수 있도록 당신에게 새로운 방향을 제시해 줄 것이다.

설문조사 데이터와 같은 중간 수준의 데이터 수집 및 분석하기

PAR 팀이 기존 데이터를 검토한 후에는 지역사회에서 광범위한 범위의 설문조사나 여론조사를 필두로 새로운 데이터를 수집하기 시작하는 경우가 많다. 설문조사 결과는 이후 인터뷰 또는 포커스 그룹에 정보를 제공할 수 있다. 설문조사를 사용하면 수집한 데이터보다 훨씬 더 많은 정보를 얻을 수 있다. 더 나은 지역사회를 위한 여러분의 작업과 비전에 대해 알아야 하는 사람들과 소통하게 될 것이다. 다음은 PAR 팀이 데이터 수집 활동을 계획할 때 도움이 될 수 있는 몇 가지 팁이나 챙겨야 할 사항들이다.

- 수집해야 할 설문지 수량과 기간을 정하라.
- 질문은 간결하게! 열 개의 문항으로 정리하는 것이 좋다.
- 설문조사 본문은 예/아니요 또는 객관식 질문과 같은 "폐쇄형 질문"으로 하라. 이러한 질문은 통계나 백분율로 쉽게 변환할 수 있는 데이터를 남겨 줄 것이다.
- 마지막에 사람들이 더 자세한 내용을 표현할 수 있는 질문 한 개와 더 이야기하고 싶은 내용을 묻는 질문 한 개를 포함하라. 원하는 경우 연락처 정보를 제공할 수 있는지 질문하라.
- 설문조사 대상을 결정하라. 좀 더 이해했으면 하는 경험과 인식을 가진 여러 그룹을 위해 두 개 이상의 설문조사를 개발할 필요도 있을 수 있다.
- 열망이나 강점들에 초점을 맞추거나 평가 기반을 분명히 하라. 예를 들어, 사람들이 더 나은 삶을 살기 위해 원하는 것은 무엇인가? 설문에 참여하는 그룹/지역사회의 강점 중 개선할 수 있는 것은 무엇인가? 이들에게 필요한 자원은 무엇인가?
- 가능하다면 PAR 팀을 지역사회에 파견하여 설문조사 결과를 수집하라. 이렇게 하면 업무가 눈에 띄게 되고 팀이 지역사회에 더 깊이 참여할 수 있게 된다. 버스/지하철 정류장, 학교 픽업 장소, 세탁소, 학교 식당, 지역사회 행사, 길거리, 종교 행사 후, 다른 단체의 직원 회의 등을 방문하

도록 고려해 보라. PAR 팀에게 클립보드와 연필 또는 태블릿을 준비시키라. 폭넓은 대화가 이루어질 수밖에 없게 될 것이다.
- 사람들에게 더 많은 참여를 원하는지 물어보는 것을 잊지 말라. 그렇지 않으면 소셜미디어를 사용하여 설문조사를 알리거나 사람들에게 전화하여 참여의 중요성을 설명하는 시간을 가지라.

설문조사에 원하는 만큼의 인원이 응답했다면, 팀에서 결과를 검토하고 분석한다. 구글 설문조사 또는 다른 설문조사 플랫폼을 사용한 경우, 그 플랫폼에서 결과를 탭으로 표시하고 원형 차트와 그래프를 만들어 보라. 특히 마지막에 개방형 응답이 있는 경우 내용을 살펴보는 것을 잊어서는 안 된다. 사람들이 양식에 작성한 내용을 통해 중요한 것을 배울 수 있을 것이다.

포커스 그룹 인터뷰와 같이 중점 데이터 수집 및 분석하기

이제는 이미 수행한 단계를 통해 강조된 몇 가지 핵심 이슈에 집중할 것이다. 지금쯤이면 몇 가지 문제, 우려 사항 및 핵심 질문이 떠오를 것이며, 이 단계에서 당신이 던진 질문은 이전 단계와 다른 형태의 데이터 수집에서 배운 내용을 근간으로 만들어질 것이다. 이는 설문조사에서 예/아니요 또는 객관식 응답을 통해 얻을 수 있는 것보다 더 미묘하고 상세한 정보를 얻기 위한 것이다. 여기에서 당신은 포커스 그룹, 서클, 인터뷰 또는 구술기록을 사용하고 싶을 것이다. 일단 데이터 수집이 완료되면, 이러한 상호작용의 녹취를 주요 주제에 맞게 코딩하고, 사람들이 말하는 내용에서 패턴을 찾게 될 것이다. 이때 목표는 데이터에서 전체를 포괄하는 주제가 무엇인지 이해하는 것이다.

설문조사에 참여한 사람들에게 더 많은 참여를 원하는지를 물었으므로, 이제 당신은 팀에서 이러한 집중적인 프로세스에 함께 참여할 수 있는 사람들을 그룹으로 구성해야 한다. 또한 특정 전문지식이나 경험을 가진 사람 등 대화가 꼭 필요한 사람들이 누구인지 파악했을 것이다. 여기에는 당신의 작업을 지지하지 않는다고 생각하는 사람과의 대화도 포함될 수 있다. 이처럼 보다 개인적인 상황에서는 PAR 작업을 통해 발견한 데이터와 잠재적인 해결책을 그들과 공유할 수 있다. 예를 들어, 부모가 되어 학교 내 보육시설이 없어 고등학교를 중퇴하는 학생에 대한 정보를 공유할 수 있다.

6단계: 성찰

일단 PAR 팀이 지금까지의 단계를 완료했다면, 이제는 선택한 프로세스와 방법, 설문에 참여한 지역사회, 당신이 진행하는 작업이 지향하는 결과 사이에 존재하는 연속성을 확실히 하는 가운데 이 프로젝트를 재평가할 때다. 단계를 다시 실행하거나 확장해야 한다면, 지금이 바로 그때다. 추가로 전문 지식이 필요하다면 이 단계에서 해야 한다. 기본적으로 이 단계는 잠시 멈춰서 팀원들이 지금까지 수행한 단계가 당신이 이해한 대로 문제를 해결했는지 판단할 기회를 줄 수 있어야 한다. 여러분은 그룹에서 필요하다고 생각되는 질문을 만들어 데이터를 분석하기 위해 수정된 서클 프로세스를 사용할 수 있다. 다음 질문을 고려해보라.

무엇을 배웠는가?

- 공개적으로 이용 가능한 데이터같이 전통적인 방법으로 수집한 데이터는 지역사회에 대해 무엇을 알려주었는가? 이 데이터가 놓친 것은 무엇인가?
- 공개적으로 이용 가능한 데이터만 본다면 어떤 결론을 내릴 수 있는가?
- 어떤 놀라운 점이 있었는가?
- 팀원들 간에 학습 내용에 대한 전반적인 합의가 이루어졌는가? 아니면 의견이 일치하지 않거나 데이터에 대한 해석이 현저히 달랐는가?

더 배워야 할 것은 무엇인가?

- 데이터 수집을 통해 이해해야 할 다른 이슈나 특징은 무엇이며, 이를 어떻게 이룰 것인가? 기존 문제에 대한 추가 데이터가 필요하거나 미처 알지 못했던 다른 문제가 있어 데

이터가 필요하다는 것을 알게 될 수도 있다.
- 이야기할 필요가 있는 사람은 누구인가?
- 더 많은 탐색이 필요한 중요한 정보는 없는가?

프로그램 통찰

- 지역사회의 요구를 충족하고 여러분의 가치를 지키기 위해 변화가 필요한 업무와 방식들에 대해 배운 것은 무엇인가?
- 업무와 당신의 핵심 가치가 서로 합치하는 혹은 불합치하는 부분을 발견할 수 있었는가?
- 가치, 실행, 결과, 추가 요구 사항 사이에 연속성이 있는가?
- 업무를 재평가하거나, 질문을 새로 하거나, 목표를 다시 생각해야 할 필요가 있는가?

이 성찰 단계에 시간을 투자하면 최고의 연구 결과를 얻을 수 있을 것이다.

7단계: 결과와 결과물 공유하기

데이터를 분석하고 프로세스를 되돌아보았으니, 이제는 PAR 작업이 공유하면 어떤 일이 일어날지 당신이 보고 싶은 행동과 결과에 대해 소통해야 할 차례다. 변화를 일으키려면 적절한 메시지를 적절한 사람들에게 전달해야 한다. 다음 질문들을 논의해 보는 것은 이러한 노력에 도움을 줄 것이다.

1. 작업을 공유할 1차 청중들과 2차 청중들은 누구인가? 그들에게 결과를 공유하기 위한 가장 좋은 방법은 무엇인가?
2. 결과를 어떻게 전달할 것인가? 예를 들어, 기자회견과 언론 보도, 연극 공연, 학교 이사회와의 만남, 논문 작성, 동영상 제작, 지역사회에서의 발표회 등 어떤 방법으로 전달할 것인가? 이는 청중에 대한 질문과 영향력을 행사하고자 하는 목적과 관련이 있다. 한 학군 내의 여러 학교를 돌아다니며 공연하는 것은 특히 다른 학생들에게 여러분의 메시지와 결과를 공유할 수 있는 흥미로운 방법이 될 수 있다. 동료들의 검토를 거쳐 잡지에 논문을 게재하면 더 다양한 청중에게 전달할 수 있다. 시의회나 학교 이사회에서 연설하는 데는 또 다른 소통 전략이 필요하다.
3. 이러한 작업에 영감을 불어넣기 위해 직접 소통해야 하는 리더 또는 기타 이해관계자가 있는가? 청중의 일부로서 후원자들을 포함하는 일을 잊지 않도록 하라.
4. 누가 결과를 전달할 것인가? PAR 팀원 중에 이 일을 담당할 사람이 있는가? 여러분이 다루고 있는 문제를 직접 경험한 사람이 최고의 대변인이다.

이제 열정과 자신감을 가지고 여러분이 진행해 온 일을 빛내고 공유할 기회가 왔다. 지역사회의 구성원들이 어떻게 생각하는 리너가 될 수 있는지 보여주리!

8단계: 행동

이제 PAR 프로세스를 완료했으므로 프로그램에서 필요한 개선 사항, 새로 만들어야 하는 프로그램 및/또는 유권자의 삶에 영향을 미치는 시스템에 대해 무엇을 알려주는지 살펴볼 때다. 예를 들어

1. 구체적으로 어떤 프로그램을 변경할 수 있었는가? 어떻게 이러한 변화를 이룰 수 있었는가?
2. 구체적으로 어떤 새로운 프로그램을 만들 필요가 있는가? 어떻게 이러한 변화를 이룰 수 있는가?
3. 어떻게 이 작업을 완수할 수 있었는가? 이 프로세스에서 변화를 끌어내기 위해 동원할 수 있는 강력한 관계를 잘 구축할 수 있었는가? "새로운" 작업에 재정 지원을 고려할 수 있는 잠재적 후원자와 연결되었는가? 조사 결과를 바탕으로 강화할 수 있는 파트너십이 있는가? 더 큰 시스템을 변화시키기 위해 시작해야 할 캠페인이 있는가?
4. 드러난 구조적 문제점은 무엇인가? 이를 어떻게 해결할 수 있는가? 이러한 장벽을 변화시킬 수 있는 행동을 개발할 수 있는가? 예를 들어, 시청 행진, 기자회견 또는 캠페인을

위한 편지 쓰기, 혹은 학교 이사회에 학생 참여시키기 등.
5. PAR 프로세스는 이러한 참여에 어떤 영향을 끼쳤는가?
6. PAR 프로세스에 지속 가능한 관계를 형성하는 방법이 있는가?
7. 원하는 변화를 달성할 수 없을 때, 당신은 변화된 의식과 연대라는 측면에서 성공을 재구성할 수 있는가?

조사 결과의 진실, PAR 팀의 참여와 목소리는 변화를 위한 큰 기회를 만들어낼 것이다. 이를 축하할 수 있는 공간을 마련하라! 그동안 우리는 이렇게 축하하는 방식으로 일해온 것 같지는 않다. 가능한 여러분이 해온 일, 여러분이 맺은 관계, 여러분이 시작한 변화를 즐기라.

사례 연구: 친밀한 상대에 의한 폭력

이 프로젝트는 친밀한 상대로부터 폭력을 경험한 생존자 45명과 함께 내알리사가 개발한 구술기록 프로젝트에서 시작되었다. 1990년대 후반에는 쉼터와 형사/사법 시스템에 많은 연방 자금이 투입되었기 때문에 가정 내 폭력으로 어려움을 겪는 여성을 위한 다른 대안이 거의 없었다. 생존자 구술기록은 생존자들이 이러한 제도를 이용하지 않은 여러 가지 이유를 밝혀내고 대안적 자원을 만들어내기 위한 아이디어를 제공했다. 실제로 생존자 대부분은 의도하지 않은 결과에 대한 두려움 때문에 제도적 도움을 요청한 적이 없었다. 구술기록을 공유한 후 생존자들은 다양한 방식으로 자신의 경험을 이해하고 시스템의 결함을 깨달았으며, 다른 사람들이 자신과 같은 고통을 겪지 않도록 변화를 만들고자 했다.

일단 구술기록 작업이 완료되면, 지역사회 기반 참가자 그룹은 브루클린의 특정 지역 주민의 경험과 아이디어를 활용하기 위해 거리 설문조사를 실시하여 가정 폭력 시스템 대응에 관한 의견과 새로운 대응 방안에 관한 아이디어를 공개했다. 범죄 데이터와 설문조사 및 토론 그룹의 결과를 바탕으로 안전과 책임을 위한 비제도적, 지역사회 중심의 자원개발 네트워크를 구축하기 위한 일련의 아이디어가 도출되고 다듬어졌다. 생존자들은 시의회에서 증언하였고 가정 폭력에 대한 혁신적인 대응을 위한 기금을 확보하였다.

이 PAR 프로젝트는 지역사회에 기반한 수많은 가정 폭력에 대한 비처벌적 대응방식, 법률, 정책, 지역사회의 참여 및 인식 변화를 끌어냈다. 여기에는 생존자치유 서클 및 지역사회 기반 안전 계획, 가해자책임 및 치유서클, 그리고 가족을 위한 회복적 정의에 기반한 서비스 프로그램 개발과 회복적 가치에 기반한 여러 새로운 시작예: 교사, 간호사, 성직자와 같은 지역사회 전문가들을 위한 풀뿌리 교육 및 무료 교육들이 포함되어 있다.

이 PAR 프로젝트는 뉴욕시와 그 밖의 지역에서 생존자에 대한 인식과 그들의 생각을 극적으로 변화시켰다. 구술기록 자체에 귀를 기울여주고, 생존자의 증언과 변화를 끌어낸 제안들이 대규모 시스템 변화의 기초가 되었고, 다른 옹호자들은 업무의 중요한 부분으로 "생존자의 목소리"를 들을 수 있는 방법을 찾고 고려하기 시작했다.

사례연구: 중퇴자가 아닌 학부모들

뉴잉글랜드의 한 중견 도시에서 학교를 중퇴한 젊은 엄마들과 함께 일하는 한 프로그램을 통해 이 프로그램에 참여하는 청소년들이 졸업할 즈음에 PAR 프로젝트를 하고 싶어 했다. 나알리사는 이 과정을 진행해달라는 요청을 받았고, 6개월 정도에 걸쳐 프로젝트를 진행했다. 이 젊은 여성들과 그들의 자녀를 걱정하는 지역 종교단체로부터 기금을 모금할 수 있었다. 모든 엄마에게 급여를 지급했는데, 급여의 절반은 프로그램이 시작될 때, 나머지 절반은 프로젝트가 완료되었을 때 지급하였다.

이 아이디어에 대해 지역사회 일각에서는 광범위한 반발이 있었다. 지역 기업들은 "그런 사람들"은 거리에서 쫓아내야 하며, 심지어 부적합한 엄마들이라며 그들의 아이를 위탁 보호소에 맡겨야 한다고 제안하기도 했다. 교육청도 마찬가지로 이들의 처지에 냉담했고, 결국 엄마들 스스로가 해결해야 할 문제로 여겼다. 이들 대부분은 열다섯 살에서 열일곱 살 사이에 임신했다.

젊은 엄마들과 모임을 가진 후, 우리는 젊은 여성들이 서로 인터뷰하는 방식으로 PAR 프로세스를 시작하기로 했다. 엄마들의 이야기를 들은 뒤, 그들의 이야기를 분석하여 주제를 정하였고, 이들을 설문지에 반영하였다. 이 설문지는 학교에서 오후 수업을 마치고 맡긴 자녀를 데리러 올 때, 도시 주요 도로변과 아이들의 픽업 장소 근처에서 만난 엄마들을 대상으로 사용되었다. 그 결과 200개 이상의 완성된 설문지를 수집했다. 공개적으로 사용할 수 있는 데이터도 조사했다.

일단 설문조사가 완료되고 공개적으로 사용 가능한 데이터를 검토한 후, 설문조사에서 얻은 데이터를 기초로 통계를 내기 위해 간단한 온라인 플랫폼에 입력했다. 그런 다음 엄마들은 세 가지 형태의 데이터인터뷰, 설문조사, 공개 데이터를 통해 공유된 정보를 분석하고 학군에서는 이 젊은 부모들이 교육을 마칠 수 있도록 여러 가지 개선책을 마련할 수 있다고 판단했다.

엄마들은 종교 단체, 교육청, 지역 신문 등 여러 청중을 대상으로 자신들의 연구 결과를 발표했다. 이 과정을 통해 학교 이사회는 십대 부모들이 교육을 포기하지 않고, 양육 지원을 계속 받으며, 학업을 마쳤을 때 안전한 직업을 잡을 수 있도록 여러 가지 가능한 변화를 채택하였다.

6장

회복적 실천 평가를 위한 참여적 행동 연구 적용

● ● ● ●

실무자와 정책 입안자들은 회복적 정의를 시작할 때 정량적 결과를 보여주는 지표에 집착하는 경향이 많다. 그래서 나 뭔는 종종 실무자들과 의사결정권자들이 처음 RJ를 탐구하도록 이끈 가치가 무엇이었는지 되돌아보도록 상기시켜야 한다는 사실을 알게 되었다. 비록 정량화가 가능한 지표와 2차 및 3차 결과와 관련된 지표는 프로그램 평가 목적으로는 중요하지만, 회복적 정의의 본질인 공동체 회복과 관계 구축에 관한 관심에서 멀어지게 하는 경향이 있다. 회복적 접근법이 시스템 내에서 적용되면 인간 중심주의에서 멀어지는 경향을 보인다. 이 문제는 '회복적 정의 증폭하기Amplify RJ'를 설립한 데이비드 라이언 카스트로-해리스가 사회를 본 인기 있는 팟캐스트 〈This Restorative Justice Life회복적 정의의 삶〉에서 제기한 바 있다. 최근 에피소드에서는 "회복적 정의가 시스템 안에서 작동할 수 있는가?", "법적 절차가 아닌 인간적 절차로서의 회복적 정의" 등과 같은 질문과 주제로 청취자들의 관심을 끌고 있다. 이 팟캐스트는 회복적 주도권initiative이 관계에 기반하고 자기 성찰적이며 권한을 부여하는 회복적 가치에 기반을 두는 데 도움이 되는 방법을 모색할 필요성에 대해 새로운 빛을 비춰주었다.

PAR이 참가자를 초대하여 평가와 관련한 노력을 안내하고 지역사회의 요구를 더 잘 충족하기 위해 RJ/RP 프로그램을 재설계하는 방식을 알리는 데 중요한 역할을 하는 만큼, 우리는 이러한 목표를 달성하는 데 도움이 될 만한 방법으로 PAR을 활용한다. 그러나 회복적 프로그램 평가자가 자체 PAR 기반 RP 평가를 개발하는 데 도움이 되는 예시나 가이드는 거의 찾아보기 쉽지 않다. 이에 따라 이번 장에서는 PAR을 사용하여 RJ와 RP 프로그램 개발, 실행, 평가에 정보를 제공하는 학술 문헌에서 찾은 세 가지 연구를 통해 현장의 실무자와 평가자가 이러한 방법을 어떻게 적용하고 있는지 자세히 살펴보고자 한다.

RP 프로그램을 평가하는 연구로 구성된 문헌 자료들이 증가하고 있지만, RP 프로그램 평가 방법으로 PAR을 적용하는 학술자료는 여전히 부족하다. 이 주제에 대한 문헌 검색은 RP 프로그램의 적용, 효율성, 지원 및 실행 충실도,[25] 회복적 다른 혁신 교육학과

---

25) Garnett, B. R., L.C. Smith, C.T. Kervick, T.A. Ballysingh, M. Moore, and E. Gonell(2019). "The Emancipatory Potential of Transformative Mixed Methods Designs: Informing Youth Participatory Action Research and Restorative Practices within a District-Wide School Transformation Project." *International Journal of Research & Method in Education* 42 (3): 305-316. "변혁적 혼합 방법 디자인의 해방적 잠재력: 전체 학군 내 학교 혁신 프로젝트 관련 청

의 RP 프로그램 통합,[26] RP 프로그램의 결과[27]와 같은 개념들을 연구하기 위해 이해관계자의 경험을 조사하는 전통적인 연구 방법론을 사용하여 연구 분야들을 생성해 내는 경향이 있다. 다음 사례 연구는 1) 문화적, 언어적으로 다양한 학교에서 RP의 개발과 실행을 탐구하고, 2) RP에 참여하는 인종적으로 소외된 청소년의 경험을 탐구하고, 3) RP 실행에 필요한 리더십 역량 개발을 지원하기 위해 보다 참여적이고 행동 지향적인 방법을 적용할 수 있는 방법을 강조한 사례이다. 처음 두 사례 연구는 PAR 방법을 적용한 사례이다. 그러나 세 번째 사례는 "참여형" 요소를 배제한 행동 연구 Action Research 프로세스로 구성된다. 비록 우리는 PAR의 "P참여적"가 프로그램 설계와 평가에 중요하다고 믿고 있지만, RJ 프로그래밍에 대한 정보를 얻기 위해 PAR과 AR의 적용을 검토하고 비교함으로써 몇 가지 교훈을 얻게 되었다. 이번 장은 RP 프로그램 설계 및 평가와 관련된 결과와 시사점을 요약하면서 마무리하고자 한다.

소년 참여 행동 연구와 회복적 실천 알리기."

26) Kevick, C.T., L.C. Smith, B.Garnett, M.Moore, and T.A. Ballysingh(2019). "A Pedagogical Design for Surfacing Student Voice by Integrating Youth Participatory Action Research, Restorative Practices, and Critical Service Learning." *International Journal of Student Voice* 5(2). "청소년 참여 행동 연구, 회복적 실천, 비판적 봉사 학습 통합을 통해 학생의 목소리를 드러내기 위한 교육학적 디자인."

27) Fronius, T., S. Darling-Hammond, H. Persson, H. Hurley, and A. Petrosino(2019). R*estorative Justice in U.S. Schools*. WestEd Justice and Prevention Research Center. 미국학교에서의 회복적 정의

사례연구 1: 문화적으로 다양한 학교에서 RJ/RP를 평가하는 PAR

첫 번째 사례는 문화적, 언어적으로 다양한 도시인 샌디에이고 지역의 초등학교에서 RP를 도입, 적응, 지원하기 위해 참여 도구와 방법을 통합한 3년간의 엄격한 연구를 소개한다. 이 평가는 특히 학부모, 교사, 학생의 RP 참여 경험을 탐구하는 동시에 청소년 참가자들이 얼마나 주도적으로 참여했는지를 조사하기 위한 것이었다.

이 연구에서 평가자들[28]은 평가 과정 전반에 걸쳐 교사, 학생, 가족, 대학원생 및 기타 학교 공동체 구성원 등 참여자의 참여를 유도하는 참여 활동을 설명하는 일련의 틀framework, 프레임워크을 사용하였다. 이러한 가이드 틀 작업은 참여적 문화 특정 개입 모델PCSIM과 다문화 컨설턴트 중심 상담MCCC으로 알려져 있다. PCSIM은 특정 문화적 맥락에 맞는 프로그램을 개발하고 평가하기 위한 11단계의 프로세스로 다년간의 반복적인 참여형 프로세스이다. 다음 표에서 볼 수 있듯이 PCSIM의 단계는 순서를 따라 1) 시스템 도입 2) 모델 개발 3) 프로그램 개발 4) 프로그램 지속 및 확장이라는 네 단계로 나뉜다. 각 단계는 참여형 평가 프로세스를 알려주는 고유한 단계가 포함되어 있다. 이러한 결합된 접근 방식은 평가자

---

[28] Ingraham, C. L., A. Hokoda, D. Moehlenbruck, M. Karafin, C. Manzo, and D. Ramirez (2016). "Consultation and Collaboration to Develop and Implement Restorative Practices in a Culturally and Linguistically Diverse Elementary School." *Journal of Educational and Psychological Consultation* 26 (4): 354-384. "문화적, 언어적으로 다양한 초등학교에서 회복적 실천을 개발하고 실행하기 위한 상담 및 협업."

에게 참여자의 관점, 신념, 가치, 전통에 대한 통찰력을 제공하여 문화 집단 간의 파트너십 개발을 지원하고 프로젝트에 참여한 다양한 그룹의 요구와 관련된 고유한 변화를 알 수 있게 해준다.

참여적 문화 특정 개입모델 (PCSIM)의 11 단계	
형성 단계	
1) 시스템 도입 ■1단계: 기존 이론, 연구 조사 및 실행 (예: 지역사회에 영향을 미치는 이슈 탐구 및 연구) ■2단계: 문화 학습 ■3단계: 파트너십 형성	2) 모델 개발 ■4단계: 목표 및 문제 규정 (예: 필요와 관심사 규정) ■5단계: 조사 형성 (예: 이해관계자 조사) ■6단계: 문화-특정 이론 혹은 모델 (예: 트라우마 관련 돌봄과 회복적 정의 실천과 같은 지역 현실에 맞는 프레임워크 판단 및 적용)
프로그램 단계	
3) 프로그램 개발 ■7단계: 프로그램 디자인 (예: 참여 세대, 새로운 주도적 (Initiative) 협력 디자인) ■8단계: 프로그램 실행 (예: 참가자의 지속적인 피드백을 통한 자연스러운 적응) ■9단계: 프로그램 평가 (예: 참가자 피드백 및 기타 데이터 근거를 기반으로 필수 변경 사항 및 요소를 구현)	4) 프로그램 지속 및 확장 ■10단계: 역량 구축 (예: 지속 가능성과 제도화, 역량 구축) ■11단계: 번역 (예: 보급 및 배포, 전문가 회의 및 학술회의에서 발표)

평가가 진행되는 동안 참가자들은 목표 설계와 개입을 확인하고, 결과를 평가하여 학교 공동체의 특정 문화에 맞는 방식으로 추가 프로젝트 활동을 알리기 위해 반복적인 점검 프로세스에 적극적으로 참여하였다. 인터뷰와 포커스 그룹과 같은 질적 방법을 적용하여 회복적 실천이 어떻게 개발되고 실행되었는지, 이해관계자들의 참여와 권한 부여가 어떻게 이루어졌는지 살펴보았다.

예비 조사 결과에 따르면 학교의 RP 프로그램은 교사, 학부모, 학생과의 협력 강화, 회복적 실천을 지원하는 학부모 및 청소년 리더십 향상 등 RJ 가치와 직결되는 결과를 가져왔다. 또한 학교 및 가정 교육에 긍정적인 결과를 가져왔으며 훈육 의뢰 건수도 감소했다. 평가자들은 또한 참여형 평가 프로세스를 안내하기 위해 PCSIM과 MCCC를 함께 사용하면 학교 문화와 학생 가정 문화 사이에 존재하는 지속적인 격차를 해소하는 데 도움이 될 수 있다고 제안하였다. 아마도 우리의 목적에 더 적합할지 모를 이 사례는 여러 이해관계자 그룹을 초대하여 진행 중인 회복적 정의 이행 노력을 협력적으로 평가하고 재설계하려는 평가자에게 참여적이고 문화적으로 민감한 일련의 안내를 제시해 주고 있다. 또한, 이 연구에서 제시한 평가 도구는 학술 연구 맥락을 벗어나 좀 더 실제로 적용할 수 있으며 접근하기 쉬운 도구와 접근방법을 채택하는 데 도움을 줄 수 있다.

사례 연구 2: 소외된 청소년을 위한 회복적 정의 주도권Initiative을 평가하는 YPAR

이 두 번째 연구는 RJ 프로그램에 참여한 15명의 흑인 남자 고등학생의 경험을 조사하고 설명하기 위해 YPAR을 적용한 사례이다.[29] 이 연구는 전통적으로 소외되어 온 청소년을 지원하는 맥락에서 YPAR과 같은 형평성 중심 방법론을 직접적으로 적용했다는 점에서, 민족 및 인종적 형평성을 우선시하는 RP 접근 방식 및 연구 분야에 중요한 기여를 하였다.

이 평가는 청소년 참가자들이 사회 정서적 학습을 개발하는 데 도움이 되도록 설계된 일련의 RJ 커뮤니티 구축 서클에 참여하여 지역사회 서클 프로세스에서 발생할 수 있는 심층적인 학습 결과를 집단으로 탐구하도록 초대했다. 프로젝트가 진행되는 동안 참가자들은 평가자가 진행하는 커뮤니티 구축 서클에 참여하여 중요한 교육 및 공통 핵심 표준Common Core standard에 부합하는 각 서클의 수업 계획을 만들었다. 서클에는 공동체 형성, 서클의 가치, 존중, 공감, 자기 인식, 개인적인 긍정과 같은 주제가 포함되어 있다. 각 서클이 끝날 때마다 참가자들은 서클 내에서 경험한 변화된 개인적 태도, 배운 교훈, 상호작용에 대해 성찰할 수 있는 일기 항

---

[29] Murray, E. J. (2018). "The Power of Caring: A Participatory Action Research Examining Black Male Students' Perspectives in Restorative Justice Community Building Circles" (Publication No. 10825207) [Doctoral dissertation, California State University-Long Beach]. Pro-Quest Dissertations and Theses Global. "돌봄의 힘: 회복적 정의 공동체 구축 서클에서 흑인 남학생의 관점을 조사한 참여적 행동 연구"

목을 작성하도록 초대받는다. 인터뷰와 함께, 일지에 기록한 항목은 회복적 서클에 참여한 흑인 남학생의 경험에 대한 평가자의 질문에 핵심이 되는 데이터를 제공하고 있다. 질적 분석 결과에 따르면, 참여한 흑인 남학생들의 학업 성공에 관계는 필수적이며, 커뮤니티 구축 서클은 관계 구축을 촉진하는 구조를 제공하였다. 또한 이 연구는 공동체 구축 서클이 학생들이 자기 인식을 개선하는 방식으로 자신을 진정성 있게 표현할 수 있는 안전한 공간을 제공했다고 결론을 내렸다.

이 연구는 다양한 맥락에서 채택하고 적용할 수 있는 교육학적 모델을 제공함으로써 RP 평가 및 평가를 위한 PAR-RP 연계의 접근성을 입증했다. 이를 위해 평가자는 6가지 RJ 커뮤니티 서클 수업 계획서를 연구의 부록으로 제출하였다. 이 연구에서 광범위하게 다루지는 않았지만, 이 사례는 서클 참가자들이 회복적 실천을 평가하고 개선하는 데 적극적인 역할을 하도록 유도하는 방법으로서 PAR의 혁신적 잠재력에 대한 창을 열어주었다. 회복적 과정을 평가하는 방법으로서 성찰 일지에 응답 반영된 참가자들의 목소리에 의하면, 이 연구는 공동 연구자로서 연구 참여자의 참여가 어떻게 PAR의 핵심 과정이 될 수 있는지를 보여주고 있다.[30] 반면, 코딩 과정에서 청소년들의 참여가 데이터 분석 중 떠오르는 주제에

---

30) Merriam, S. B., and E.J. Tisdell (2016). *Qualitative Research: A Guide to Design and Implementation*. San Francisco: John Wiley & Sons. 질적 연구:설계 및 적용을 위한 가이드.

대한 피드백을 제공하는 과정인 멤버 체크에 국한되었다는 점을 고려하면, 데이터 분석 단계에서 청소년 참여자들의 참여도가 낮았던 것으로 보인다. 이러한 상황은 PAR을 사용하는 평가자가 주의해야 할 잠재적 감독 사항이 무엇인지 보여준다. PAR 접근법이 형평성의 목표에 기반을 두도록 하는 것 중 하나는 연구 과정의 모든 측면에 참여자의 참여를 공개적이고 민주적으로 유도하는 것을 강조하는 것이다.[31] 이러한 주요 위험을 간과한 PAR은 잠재적으로 해로운 위계적인 연구자-피험자 역학 관계를 지속시킬 수 있으며, 이는 주류 연구 방법의 특징이자 PAR 지지자들이 일반적으로 없애고자 하는 특징이기도 하다.

▎사례 연구 3: 회복적 실천가 간의 협력을 평가하기 위한 행동 연구

이 세 번째 사례는 학군 내 다양한 현장에서 RJ 프로그램을 평가하는 데 적용된 행동 연구AR 접근법을 보여준다. 이 사례에는 참여적 행동 연구PAR의 "P"가 포함되어 있지 않다. 그러나 참가자에 대한 접근이 제한된 평가자는 AR 방법을 적용해야 할 필요성을 느낄 수 있으며, 이 사례는 평가자가 유용하게 활용할 수 있는 뚜렷한 교훈을 제공한다.

한 평가팀이 협력의 다섯 가지 구성 요소거버넌스, 행정, 조직의 자율성,

---

31) Gonell, E., L. Smith, B. Garnett, and E. Clements(2020). "Practicing Youth Participatory Action Research for School Equity: A Pedagogical Model. *Action Research* 19(4):1-24. "학교 형평성을 위한 청소년 참여 행동 연구 실천: 교육학적 모델."

상호성, 규범32)와 행동 연구 모델의 순환적 조사 과정관찰, 성찰, 행동을 제시하는 프레임워크를 사용하여 학군 전체의 회복적 사법/실천 전문가들 간의 협력의 영향을 조사하기 시작했다.33) 이들의 설계에는 교육을 받은 회복적 전문가 그룹을 소집하고 협력 구조를 마련하는 것이 포함되어 있다. 평가자들은 회복적 공동 작업이 학군 전체에서 새로운 관계, 아이디어, 지식 및 행동을 촉진하는 회복적 주도권Initiative에 대한 역량을 구축하는 능력에 미칠 수 있는 영향을 평가하기 위해 그룹을 연구했다. 이 연구의 프레임워크가 "참여형"이 아닌 AR 프로젝트였기 때문에 저자들은 일반적으로 PAR에서 기대할 수 있는 정도로 연구 전반에 걸쳐 공동 투자자로서 참여자의 참여를 우선시하지 않았다. 그러나 이 연구는 회복적 협업의 가치를 탐구하기 위해 행동 연구 주기에 참여자를 관여시키는 데 초점을 맞추면서 전체 지역의 협업과 개선된 RP 구현 간의 연관성을 조사하였다. 따라서 평가자들은 포용적이고 민주적인 방법을 통해 회복적 실천 실행을 평가하는 모델을 통합하였다.

AR 구성 요소를 시작하기 위해 평가자들은 각 학교에서 RP를 시범 운영하는 데 관심 있는 약 30명의 이해관계자를 모아 어떻게 회복적 렌즈를 채택하고, 회복적 대화모임을 진행하며, 회복적 정

---

32) Thomson, A. J. Perry, and T. Miller (2009). "Conceptualizing and Measuring Collaboration." *Journal of Public Administration Research and Theory* 19(1): 23–56.
33) Darling, J., and G. Monk(2018). "Constructing a Restorative School District Collaborative." *Contemporary Justice Review* 21(1): 80–98.

의 노력을 지속시키도록 할 수 있는지 배우기 위해 1일 회복적 회의를 진행하였다. 이 그룹에는 8개 학군 학교의 관리자, 상담사, 학교 경찰이 포함되었다. 이 훈련에서 첫 번째 행동 연구 주기에 참여한 그룹은 이 기간 RP에 대한 경험을 **관찰**observe하고 **성찰**reflect하고 관찰과 성찰에 반응하여 **행동**actions하도록 초대받았다. 이 첫 번째 실행 계획 단계의 주요 결과는 학군 전체에 걸쳐 RP의 체계적인 실행을 협력적으로 지원하기 위해 이해관계자 간의 정기적인 월별 회의를 제안한 것이다.

월별 회의를 통해 평가자들은 몇 차례의 행동 연구 주기를 더 진행할 수 있었으며, 이를 통해 실무자들은 업무를 지속할 수 있는 협력적이고 생산적인 형식을 제공받는 동시에 평가자들은 협업 과정을 계속 관찰하고 연구할 수 있었다. 두 번째 주기의 관찰 및 성찰 단계에서는 원격 협업을 위한 온라인 공간 마련, 청소년 대상 교육을 포함한 RP 교육 노력 확대, 소규모 회의 및 현장 방문 빈도 증가를 통한 RP 지식 향상과 기술 개발 지원 등 새롭게 제안된 활동의 설계에 영향을 미치는 몇 가지 추가 주제가 도출되었다.

협업팀의 다음 회의는 참가자들이 심리적 지원의 원천으로 묘사하게 된 공간에 대한 고마움을 더 잘 인식할 수 있도록 지역사회 구축 모임으로 구성되었다. 이 세 번째 회의에서 협업팀은 최종 행동 연구 주기에 참여하여 행동 설계에 필요한 추가 주제를 도출하였다. 예를 들어, 새롭게 제안된 조치에는 남은 학기 동안과 여름까지 협력 회의를 계속 개최하겠다는 약속이 포함되었다. 또한, 협업

팀은 한국 전체에 공유할 정보 동영상을 제작하여 RP에 대한 불일치와 지속적인 오해를 해결하기로 약속했다.

평가자들은 RP를 주제로 한 세 가지 행동 중심 사이클에 참여함으로써, 이 협업이 각 학교에서 RP 접근법을 실행하는 데 도움이 되는 리더십 역량을 개발할 수 있었다는 사실을 발견했다. 이 사례는 이러한 종류의 AR 중심 협업 회의가 실습자의 각 학교에서 이루어지는 RP 작업의 향상에 미칠 수 있는 긍정적인 영향을 보여준다. 따라서 이 사례는 회복적 실천 프로그램을 협력적으로 설계하고 평가할 수 있는 플랫폼을 만드는 데 관심이 있지만 PAR에 필요한 참여자와 자원에 대한 접근성이 부족한 평가자에게 보다 실현이 가능한 평가 접근 방식을 제공한다.

▍요약

이 세 가지 사례 연구는 PAR, YPAR, AR 방법을 적용하여 보다 접근이 가능하고 민주적이며 문화적으로 반응하고 잠재적으로 변화할 수 있는 RP 프로그램 설계 및 평가의 세계에 대한 통찰을 제공한다. 또한 실무자가 고유한 커뮤니티 내에서 RJ 평가 방법을 개선하기 위해 PAR을 적용할 때 필요한 수준의 유연성을 확보할 수 있는 다양한 가능성을 보여준다.

첫 번째 사례는 상당한 자원과 전문성이 필요한 다각적인 접근법을 제시하지만, PCSIM과 같은 문화적으로 반응하는 평가 도구를 소개하는 동시에 소규모 RP 주도권Initiative을 평가함에 있어 좀 더 실현이 가능하도록 조정 및 축소할 방법과 절차를 보여주었다. 두 번째 사례는 RP 참여를 통해 소외된 그룹에 더 나은 서비스를 제공하는 방법에 대한 이해를 높이기 위한 노력에서 YPAR-RP 연계의 혁신적 잠재력을 보여준다. 마지막 세 번째 사례는 학교 리더와 실무자 간의 협업을 강화하여 학군 전체에서 RP 노력을 확대하는 데 AR을 어떻게 활용할 수 있는지 보여주는 사례이다. 우리는 회복적 실천을 회복적 가치와 일치시키는 데 필수적인 참여형 평가 도구와 방법에 대해 자세히 알아보도록 이 책의 마지막에 제공한 자료들을 검토해 보도록 초대한다.

7장
결론

• • • •

우리는 이 책이 회복적 정의의 변혁적 힘에 대한 우리의 집단적 신념을 다시 활성화하고 지지하는 데 도움이 되기를 희망한다. 우리는 우리의 기관들이 이러한 작업의 진정한 계보에 고유하지 않은 가치와 지표를 기반으로 프로그램을 설계하고 평가해야 한다는 여러 가지 압력을 받고 있다는 것을 알고 있다. 이러한 현실적인 고려 사항은 회복적 정의의 고유한 핵심 가치를 희생하면서까지 2차, 3차 목표를 우선하도록 매일 압박을 가하는 것이 현실이다. 하지만, 서로에게 처벌과 수치심을 주지 않으면서도 복지를 훼손하지 않고 강화할 수 있는 방식으로 문제를 해결할 수 있는 실질적이며 실용적인 방법을 우리 공동체에 제공하는 것은 핵심 가치이다. 나눔과 분열, 보복이 난무하는 세상에서 계속해서 희망의 등불이 되고자 한다면, 우리는 계속 빛을 밝힐 수 있는 방법을 찾아야 한다. 참여적 행동 연구는 그 빛에 다시 불을 붙이고 빛을 비추는 방법이다.

이 글에서 논의한 PAR 중심의 설계 및 평가 접근 방식이 독자들에게 학교 정학률을 낮추거나, 범죄 재범률 감소와 같은 결과나 평가에만 집중하는 것에서 다음과 같은 회복적 정의의 더 깊은 가치와 더 직접적으로 관련된 결과에 관한 관심을 포함하도록 초점을 확장시켜 줄 수 있기를 희망한다.

- 자기 인식
- 치유
- 공감
- 상호책임
- 자존감
- 민주화와 의미 있는 참여
- 관계 구축
- 리더십 개발
- 미묘한 권력 역학 등 숨겨진 맥락에 대한 이해력 향상

RJ 설계 및 평가에 PAR 방법을 적용하는 것의 혁신적 잠재력에 대한 개인적인 경험을 고려해 볼 때, 우리는 RJ의 강력한 뿌리에 더 깊이 닿을 수 있는 PAR 프로젝트를 개발함으로써 얻을 수 있는 것이 많다는 확고한 신념을 가지고 있다. 따라서 우리는 이 흥미진진한 탐험에 다른 분들을 초대한다. PAR은 기존의 평가 및 프로그램 설계 결과에 도전하는 독특하고 의미 있고 매력적인 형태의 지식 창출을 제공할 수 있다. PAR은 최고의 업무를 수행하는 방법에 대한 커뮤니티에서 생성된 아이디어를 제공할 뿐만 아니라 구성원

및 더 큰 커뮤니티와 훨씬 더 강력한 관계를 맺을 수 있게 해줄 것이다.

앞서 언급한 모든 것 외에도 PAR 프로세스를 통해 얻을 수 있는 다른 중요한 이점도 있다. 회복적 정의 및 사회 정의 가치에 부합하는 혜택에는 다음과 같은 것이 있다.

- 다양한 이해관계자를 초대하고 참여시켜 연결 범위와 영향력을 확대할 수 있다.
- 당신이 몰랐던 능력 있는 리더십을 가진 사람들을 드러낼 수 있다.
- 구성원/참여자의 실제 요구, 아이디어, 경험, 목소리를 중심에 두게 한다.
- 신뢰와 협업 강화하여 준다.
- 사명과 업무에 대해 (내부 및 외부의) 더 깊은 인식을 형성한다.
- 다양한 이해관계자들과 회복적 정의에 대한 이해를 증진한다.
- 모든 사람의 비판적 사고 능력을 심화시킨다.
- 업무의 모든 측면을 실행할 때, 생생한 경험의 가치에 대한 인식을 제고해 준다.
- 구성원의 실제 요구에 더 잘 부합한 프로그램을 개발한다. 이는 2차/3차 성과로 더 많은 "성공"을 불러온다.

- 조직 운영의 모든 수준에서 회복적 가치를 입증한다.
- 이해관계자의 리더십과 함께 정책 의제를 개발한다.
- PAR의 추천을 바탕으로 새로운 프로그램/프로젝트 아이디어를 발굴한다. 이는 새로운 자금 조달 기회로 이어질 수 있다.
- PAR 프로세스로부터 강력한 메시지와 대변인을 세운다.

PAR은 회복적 정의 실천가들이 진행하는 관련 업무의 근본적인 가능성에 다시 집중할 수 있도록 도울 수 있다. 즉 실천 공동체로서 역사의 혼란을 포용하고, 책임을 지며, 제도적 압제에 저항하며, 잘못을 바로잡고, 상호책임을 지며, 통찰력, 연민, 희망을 증진하며 치유를 위해 노력하도록 도울 것이다. 여러분도 한번 시도해 보기를 바란다!

부록
읽기, 자료 및 워크북 소개

PAR 훈련
- CUNY의 공공 과학 프로젝트 (Public Science Project) (psp.org)
- Shout Hub (shout-hub.eu/sfwd-courses/participatory-action-research)

PAR/YPAR 프로젝트 디자인 워크시트 및 양식 포함
- Cammarota, J., and M. Fine(eds.) (2008). *Revolutionizing Education: Youth Participatory Action Research in Motion*. New York: Routledge. 혁명적 교육: 청소년 참여적 행동 연구
- Fine, M. and Torre, Maria Elena(2021). *Essentials of Critical Participatory Action Research*. Washington, DC: American Psychological Association. 비판적 참여행동 연구의 필수요소. 미국 심리학협회
- Gonell, E., L. Smith, B. Garnett, and E. Clements(2020). "Practicing Youth Participatory Action Research for School Equity: A Pedagogical Model. *Action Research* 19(4):1–24.

- Handbook for Participatory Action Research, Planning and Evaluation (betterevaluation.org/sites/default/files/Toolkit_En_March7_2-13-S.pdf)
- Mirra, N., A. Garcia, and E. Morrell(2016). *Doing Youth Participatory Action Research: Transforming Inquiry with Researchers, Educators, and Students*. New York: Routledge.
- Models for Participatory Action Research and Evaluation (organizingengagement.org/models/participatory-action-research-and-evaluation/)
- Research for Organzing: A Toolkit for Participatory Action Research from TakeRoot Justice (researchfororganizing.org/)

PAR 도구 및 전략

- Acts of Listening Lab: Oral History/Video(concordia.ca/finearts/research/labs/acts-oflistening.html?utm_source=vanity&utm_campaign=allab).
- Housing Not Handcuffs(housingnothandcuffs.org/)
- How to Design a Survey (bounceinsights.com/how-to-design-a-survey/).
- Morris Justice: A Public Science Project That Highlights Mapping: (morrisjustice.org/process/).
- PhotoVoice (photovoice.org).
- Polling for Justice: A Performance-Based PARProject (publicsciencepro-

ject.org/polling-for-justice-3).
- Power to Our People Participatory Research Kit: Creating Surveys (powershift.org/sites/default/files/resources/files/creatingsurveys.pdf).

▎회복적 접근방식에 대한 PAR/AR 기반 평가관련 자료

- Darling, J. and G. Monk(2018). "Constructing a Restorative School District Collaborative." *Contemporary Justice Review* 21(1): 80-98.
- Ingraham, C. L., A. Hokoda, D. Moehlenbruck, M. Karafin, C. Manzo, and D. Ramirez (2016). "Consultation and Collaboration to Develop and Implement Restorative Practices in a Culturally and Linguistically Diverse Elementary School." *Journal of Educational and Psychological Consultation* 26 (4): 354-384.
- Murray, E. J. (2018). "The Power of Caring: A Participatory Action Research Examining Black Male Students' Perspectives in Restorative Justice Community Building Circles" (Publication No. 10825207) [Doctoral dissertation, California State University-Long Beach]. Pro-Quest Dissertations and Theses Global.

▎회복적 정의 자료 및 실행 안내서

- Boyes-Watson, C., and K. Prans (2015), *Circle Forward: Building a Restorative School Community*. St. Pual, MN: Living Justice Press.
- Kidde, J. (December 2017). Whole School Restorative Approach Re-

source Guide: An Orientation to a Whole-School Restorative Approach and Guide toward More In-Depth Resourchs and Current Research. Vermount Agency of Education (education.vermont.gov/sites/aoe/files/docuents/edu-integrated-educational-frameworks-whole-school-restorative-approach-resource-guide_0_0.pdf.)

회복적 정의의 선주민 뿌리

- A Guide to Indigenous Land Acknowledgment (nativegov.org/news/a-guide-to-indigenos-land-acknowledgment).
- Lewis, T., and C. Stauffer (eds.) (2021). *Listening to the Movement: Essays on New Growth and New Challenges in Restorative Justice*. Eugene, OR: Cascade Books.
- Native American and Indigenous Initiatives: Land Acknowledgment (northwestern.edu/native-american-and-indigenous-peoples/about/Land%20 Acknowledgment.html#:~:text=A%20Land%20Acknowledgment%20is%20a,Peoples%20and%20their%20traditional%20territories).
- Native Land Digital(native-lan.ca/)
- Wabanaki Reach(https://www.wabanakireach.org/)